EISEN + ARCHÄOLOGIE

Eisenerzbergbau und -verhüttung vor 2000 Jahren in der VR Polen

EISEN + ARCHÄOLOGIE

Eisenerzbergbau und -verhüttung vor 2000 Jahren in der VR Polen

Ausstellung im
Deutschen Bergbau-Museum Bochum
vom 29. Juni bis 13. August 1978

In Zusammenarbeit mit:

Państwowe Muzeum Archeologiczne Warszawa
Muzeum Archeologiczne Kraków
Muzeum Starożytnego Hutnictwa Pruszków

Vereinigung der Freunde von Kunst und Kultur
im Bergbau e. V.
Geschichtsausschuß des Vereins Deutscher
Eisenhüttenleute
Georg-Agricola-Gesellschaft zur Förderung der
Geschichte der Naturwissenschaften und der
Technik e. V.

Geleitwort des Schirmherrn der Ausstellung

Die gemeinsam von polnischen und deutschen Berg- und Hüttenleuten sowie Archäologen im Deutschen Bergbau-Museum Bochum ausgerichtete Ausstellung über Arbeiten und Ergebnisse eisengeschichtlicher Forschungen auf dem Gebiete der VR Polen ist ein weiterer erfreulicher Schritt auf dem Wege der Verbesserung und Intensivierung der Beziehungen zwischen der VR Polen und der Bundesrepublik Deutschland. Ein polnisch-deutsches Fachgespräch über eisengeschichtliche Arbeiten in beiden Ländern wird die Ausstellung abrunden. Hier wird deutlich, welch große Bedeutung das Eisen in beiden Ländern seit zwei Jahrtausenden für Wirtschaft und Gesellschaft hat und auch in Zukunft noch besitzen wird.

Ich hoffe, daß die Ausstellung auch in weiteren Kreisen der Bevölkerung Interesse findet und wünsche den Gesprächen der polnischen und deutschen Wissenschaftler viel Erfolg. Hiermit wird auch der Nährboden für eine Ausweitung der für beide Völker so wichtigen wirtschaftlichen Beziehungen verbessert.

Glückauf!

Otto Wolff von Amerongen

Grußwort

Das Staatliche Archäologische Museum in Warszawa, das Archäologische Museum in Kraków und das Museum für Frühgeschichtliches Masowisches Hüttenwesen in Pruszków haben gern die Einladung des Deutschen Bergbau-Museums Bochum angenommen, die Ausstellung „Eisen und Archäologie — Eisenerzbergbau und -verhüttung vor 2000 Jahren in der VR Polen" in seinen Räumen zu zeigen. Es ist dies die erste Ausstellung der obengenannten Museen in der Bundesrepublik Deutschland.

Die archäologischen Entdeckungen der letzten 25 Jahre im Góry Świętokrzyskie (Heilig-Kreuz-Gebirge) und die Forschungen der letzten Jahre in Masowien, in der Umgebung von Warszawa, erlangten einen internationalen Ruf.

In den Jahren 1976 und 1977 haben wir zusammen mit dem Archäologischen Museum in Göteborg die Ausstellung „När järnet kom / Als das Eisen kam" in Schweden vorgeführt. Im Museum für Vor- und Frühgeschichte in Berlin (West) wurde im Jahre 1977 die Ausstellung „Am Anfang des Industriezeitalters" gezeigt. Beide Male wurden die Ausstellungen gut aufgenommen und fanden lebhaftes Interesse.

Die wissenschaftliche Bedeutung unserer Forschungen zu den Anfängen der Eisenmetallurgie in Osteuropa reicht weit über die Grenzen Polens hinaus und wirft neues Licht auf die Anfangsstadien des „Industriezeitalters" in Europa.

Diese archäologischen Entdeckungen regten eine fruchtbare Zusammenarbeit zwischen Archäologen und Metallurgen an. Erst deren gemeinsame Bemühungen haben zur Vervollständigung unseres Wissens vom Beginn und der Entwicklung der Eisenverhüttung und -verarbeitung in den polnischen Gebieten beigetragen.

Auf den guten Kontakten der obengenannten polnischen archäologischen Museen zu den Museen mit verwandten Aufgaben und Zielen in der Bundesrepublik Deutschland basiert die Ausstellung „Eisen und Archäologie — Eisenerzbergbau und -verhüttung vor 2000 Jahren in der VR Polen" in Bochum.

Der polnische Ausstellungskommissar ist Doc. Dr. Kazimierz Bielenin aus Kraków.

Unseren Kollegen vom Deutschen Bergbau-Museum Bochum danken wir für die herzliche Aufnahme.

Möge die Zusammenarbeit unserer Museen dem gegenseitigen Kennenlernen und der weiteren Entwicklung der kulturellen Beziehungen zwischen unseren beiden Völkern dienen!

Doc. Dr. habil. Krzysztof Dąbrowski
Direktor des
Pánstwowe Muzeum Archeologiczne Warszawa

Vorwort

In keinem anderen Land Europas sind bislang derart umfassende Anstrengungen zur montanarchäologischen Untersuchung des vor- und frühgeschichtlichen Eisenerzbergbaus und der Erzverhüttung unternommen worden, wie dies auf dem heutigen Gebiet der VR Polen der Fall ist. Die rege interdisziplinäre Forschungstätigkeit der polnischen Wissenschaftler hat zur Folge gehabt, daß dort mehr Erkenntnisse über Wesen, Technologie und Organisation prähistorischer Eisenproduktion gewonnen werden konnten, als in bezug auf andere alte Eisenländer vorliegen. Neben den Überresten unzähliger Rennfeueröfen steht vor allem das im Góry Świętokrzyskie (Heilig-Kreuz-Gebirge) entdeckte römerzeitliche Eisenerzbergwerk — der bislang einzige Beleg einer Grube aus dieser Zeit außerhalb der Grenzen des Römischen Reiches — im Blickfeld des internationalen montangeschichtlichen Fachinteresses.

Als das Deutsche Bergbau-Museum im Sommer letzten Jahres vom Aufbau einer Ausstellung zu diesem Thema hörte, die zunächst im Museum für Vor- und Frühgeschichte der Staatlichen Museen Preußischer Kulturbesitz in Berlin (West) gezeigt werden sollte, bemühte es sich daher umgehend um eine Übernahme der Ausstellung nach Bochum. Damit sollten einerseits Anerkennung und Würdigung der Ergebnisse der polnischen Forschungstätigkeit zum Ausdruck gebracht werden, andererseits sollte der Versuch unternommen werden, im Zentrum des Ruhrgebietes, das in den beiden letzten Jahrhunderten von Kohle und Eisen geprägt worden ist, auf die große wirtschaftliche und kulturelle Bedeutung der bergmännischen Gewinnung der Eisenerze und ihrer Verhüttung schon in vor- und frühgeschichtlicher Zeit hinzuweisen.

Nach fast einem Jahr nun läßt sich diese Absicht realisieren, und die Tradition der Ausstellungen zur Montanarchäologie, wie sie 1973 mit „Timna“ begonnen worden ist, kann fortgesetzt werden. Die Überführung der Ausstellung von Warschau nach Bochum kam nicht zuletzt durch die Vermittlung der Kollegen in Berlin zustande. Dafür, wie für die freundliche Überlassung von Ausstellungsmaterial, sei an dieser Stelle Herrn Prof. Dr. Adriaan v. Müller und seinen Mitarbeitern am Museum für Vor- und Frühgeschichte herzlich gedankt.

Das für die Wissenschaft außerordentlich wertvolle Fundmaterial aus der VR Polen ist mit Sammlungsgegenständen aus dem Besitz des Deutschen Bergbau-Museums ergänzt worden. Hierbei handelt es sich um ethnographisches Vergleichsmaterial, das im Rahmen der gezielten industrie- und montanarchäologischen Forschungen erworben worden ist. Gegenstände, wie sie in Westafrika noch heute beim Eisenschmelzen gebraucht werden, und die Rekonstruktion eines Rennofens, der vor kurzem noch an der Elfenbeinküste betrieben wurde, können ferner dazu dienen, die vor- und frühgeschichtlichen Funde und Befunde nicht nur von ihrer Bedeutung her stärker zu würdigen, sondern auch insofern zu aktualisieren, da sie doch einen Bogen von der Vorgeschichte bis an die Gegenwart heran spannen.

Diese gezielte Ergänzung spiegelt sich auch im Ausstellungskatalog wider, der neben den Beiträgen über die Forschungstätigkeit in Polen und Aufsätzen über das aktuelle Eisenschmelzen in Westafrika zusätzlich archäologische Vergleichsmaterialien über die Eisenverhüttung in verschiedenen deutschen Regionen enthält.

Das Deutsche Bergbau-Museum praktiziert nun schon seit Jahren eine enge Zusammenarbeit mit Wissenschaftlern in der VR Polen. Unsere bisherigen Erfahrungen waren außerordentlich gut und konstruktiv, und dieser Eindruck hat sich beim Zustandekommen der jetzigen Ausstellung in Bochum erneut bestätigt. Daher gilt unser ganz herzlicher Dank den dabei beteiligten polnischen Kollegen, im einzelnen Herrn Doc. Dr. habil. Krzysztof Dąbrowski, dem Direktor des Państwowe Muzeum Archeologiczne Warszawa, sowie seinen Mitarbeitern Frau Dr. Teresa Liana und Herrn Dr. Lechosław Rauhut, Herrn Mgr. Stefan Woyda vom Muzeum Starożytnego Hutnictwa Pruszków und nicht zuletzt Herrn Dr. habil. Kazimierz Bielenin vom Muzeum Archeologiczne Kraków, dem polnischen Ausstellungskommissar.

Die gute Zusammenarbeit ist das Ergebnis entsprechender wissenschaftlicher Beziehungen zwischen den Forschungsinstituten in unseren beiden Ländern. Insofern danken wir Herrn Otto Wolff von Amerongen ganz besonders, daß er die Schirmherrschaft über die Ausstellung übernommen hat, verkörpern doch seine Person und sein Wirken die Bemühungen um weitere, vielfältige und intensive Kontakte zwischen der Bundesrepublik Deutschland und der VR Polen.

Die Ausstellung und das damit in Verbindung stehende deutsch-polnische Fachgespräch zum Thema „Gewinnung und Verhüttung von Eisenerz in vor- und frühgeschichtlicher Zeit“ wären ohne die zum Teil großzügige Unterstützung durch befreundete Institutionen nicht zustande gekommen. In diesem Sinne gilt unser Dank dem Vorstand der Vereinigung der Freunde von Kunst und Kultur im Bergbau e. V., dem Presse- und Informationsamt der Bundesregierung sowie dem Geschichtsausschuß des Vereins Deutscher Eisenhüttenleute und der Georg-Agricola-Gesellschaft zur Förderung der Geschichte der Naturwissenschaften und der Technik e. V.

Bergassessor a. D. Hans Günter Conrad
Direktor des Deutschen Bergbau-Museums Bochum

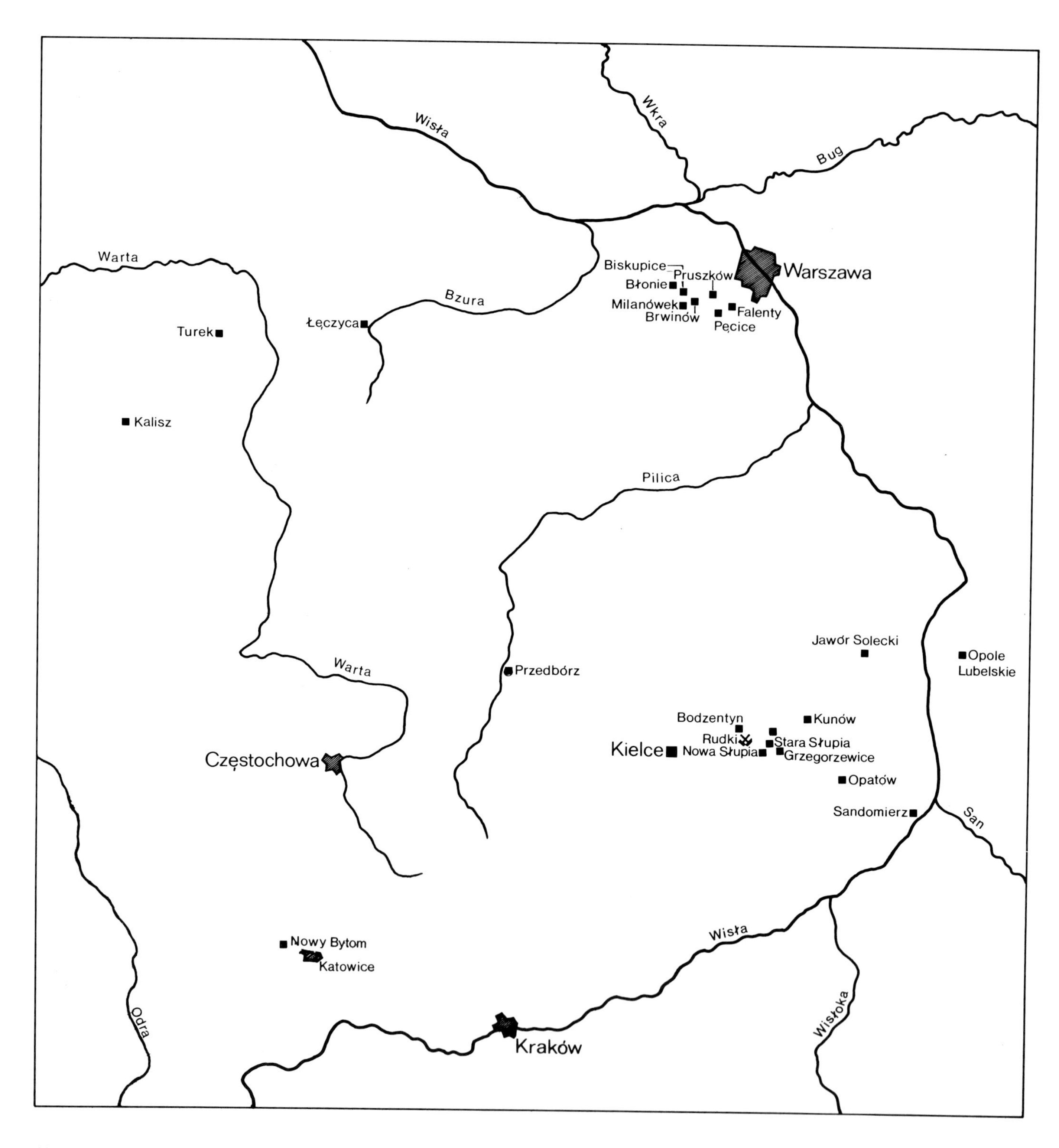

Abb. 1: Wichtige Fundorte vor- und frühgeschichtlicher Eisenverhüttung in der VR Polen

Krzysztof Dąbrowski/Teresa Liana

Wirtschaftliche Beziehungen der Gebiete in der heutigen VR Polen mit dem römischen Imperium im Lichte der archäologischen Forschung

Die Kontakte zwischen den Ländern der heutigen VR Polen (Abb. 1) und den Gebieten Südeuropas hatten eine jahrhundertealte Tradition. Dies spiegelt sich nirgendwo so deutlich wider wie in dem Fundmaterial aus der römischen Kaiserzeit.

Dafür gibt es mehrere Gründe, hauptsächlich aber wohl den, daß in dieser Zeit das römische Imperium seine größte Annäherung an die Grenzen des heute polnischen Gebietes hatte. Gegen Ende des 1. Jh. v. u. Z. nach der endgültigen Unterwerfung von Noricum und Pannonien hatten die Römer für lange Zeit ihre Grenze entlang der Donau gezogen. In den benachbarten Gebieten entstanden kleinere Staatsverbände, die politisch und wirtschaftlich von Rom abhängig waren. Hier bestanden auch Zentren für den Handel mit den „barbarischen Stämmen" dieser Gegend. Im 2. Jh. u. Z. wurde die Grenze des römischen Imperiums nach Norden hin verschoben. Für einige Zeit war z. B. in Trencvin (Laugaricio) in der Slowakei eine Legion stationiert.

Diese territoriale Annäherung begünstigte den Handel, die Einfuhr römischer Erzeugnisse (Abb. 2—5) und intensivere Kontakte mit dem Norden von seiten der Römer. Einige Bronzeeimer und -kessel, die vereinzelt in Gräbern der vorrömischen Eisenzeit gefunden wurden, repräsentieren die frühesten Importe aus dem römischen Imperium. (In den Gebieten Polens beginnt die Zeit der römischen Einflüsse etwa um das Jahr 40 u. Z.) Zu diesen frühen Importen müssen auch die stark profilierten Bronzefibeln gerechnet werden, obwohl sie zweifellos auch in bedeutender Zahl nach römischen Vorbildern am Ort hergestellt wurden.

Während der römischen Kaiserzeit steigt die Zahl der importierten Gegenstände stark an. Es treten neben verschiedenen Typen von bronzenen Gefäßen Silber- und Glasgefäße auf. Kaiserzeitliche Fibeln fanden sich vergleichsweise selten, dagegen scheint ein stärkerer Import an Glasperlen bestanden zu haben. Zu den am häufigsten importierten Waren gehörten keramische Gefäße aus Terra sigillata (Abb. 4). Die zahlreich gefundenen römischen Münzen, wie z. B. silberne Denare, beweisen die intensiven Kontakte der Stämme in den Gebieten des heutigen Polen mit dem römischen Imperium. Zu den seltenen Funden gehören Steine für Brettspiele (Abb. 2), goldene Medaillons und Götterstatuetten.

In den letzten zehn Jahren konnte festgestellt werden, daß neben diesen Objekten auch römische Waffen und Waffenzubehör in das Gebiet gelangten, wie z. B. Schwerter und Schwertscheiden. Jedes Jahr erhöht sich die Zahl solcher Fundstücke sowohl durch neue Ausgrabungen als auch durch die röntgenologische Untersuchung bereits seit langer Zeit in polnischen Museen aufbewahrter Objekte. Sie konnten zusätzlich anhand ihrer bildlichen Darstellungen, Stempel und Fabrikationsmarken als römische Erzeugnisse identifiziert werden. Das Datum post quem für diese Funde liegt am Anfang des 4. Jh. u. Z.

Römische Schwerter gelangten hauptsächlich als Handelsware in die Gebiete jenseits des Limes, also auch in die Länder des heutigen Polen. Zusätzlich muß ein illegaler Waffenhandel zu den Stämmen nördlich des Limes bestanden haben, zumal Verkaufsverbote römischer Behörden überliefert sind, die den Waffenhandel mit jenen Völkern untersagten, die mit dem römischen Imperium in kriegerische Auseinandersetzungen verwickelt waren. Während solcher Auseinandersetzungen mit den Römern kann daher eine größere Anzahl römischer Waffen in die Hände der Grenzvölker gelangt sein. Durch ihre Vermittlung ist ein Teil der Waffen in die Gebiete nördlich der Karpaten und der Sudeten gelangt.

Die in die Gebiete jenseits des Limes importierten römischen Schwerter waren für den Käufer zwar teuer, erhöhten aber das Ansehen seines Trägers. Denn obwohl einheimische Erzeugnisse zur Verfügung stan-

Abb. 2: Łeq Piekarski, Kr. Turek. Importiertes römisches Trinkservice, profilierte Fibel, Trinkhorn-Endbeschlag (Bronze), Becher (Silber) und Spielsteine (Glas)

den, unterschieden sich die römischen Schwerter in Aussehen und Qualität deutlich von ihnen. Der Einfluß römischer Waffen auf die Bewaffnung der einheimischen Bevölkerung läßt sich teilweise daran ermessen, daß z. B. in Germanien das latènezeitliche lange Schwert durch das römische Kurzschwert ersetzt wurde. Sowohl die kriegerischen Auseinandersetzungen der Germanen mit den Römern als auch die gegenseitigen Kontakte in den Grenzgebieten werden Ursachen derartiger Veränderungen gewesen sein. Auf diesen Einfluß verwies bereits im Jahre 1916 M. Jahn in seiner Arbeit über die Bewaffnung der Germanen. Er vertrat die Ansicht, daß die Ablösung des bis dahin bei den Germanen typischen Langschwertes auf deren Erfahrungen mit dem römischen „Gladius" zurückzuführen ist.

Sollte allerdings durch zukünftige Forschungen der Nachweis erbracht werden, daß römische Schwerter in den Gebieten außerhalb des römischen Imperiums in sehr großen Mengen vertreten waren, ergibt sich eine völlig neue Fragestellung für dieses Problem. Zusätzlich müßte der Einfluß römischer Erzeugnisse auf die einheimische Produktion untersucht werden.

An dieser Stelle muß trotz der hoffnungsvollen Entwicklung in der Zusammenarbeit von Archäologen und Metallurgen vor einer einseitigen Deutung des Quellenmaterials gewarnt werden.

Jerzy Piaskowski, der sich intensiv mit der Erforschung der frühgeschichtlichen Metallurgie und der Technologie der Eisenverarbeitung beschäftigt hat, vertritt die Meinung, daß sich die Stämme in den polnischen Gebieten für Kriegszwecke ihre Waffen in ausreichender Zahl aus einheimischem Eisen hergestellt haben und deshalb keine römischen Importe benötigten. Die in den südpolnischen Gebieten gefundenen römischen Schwerter sind seiner Meinung nach durch eine römische Militärexpedition dorthin gelangt. Eine solche Expedition ist allerdings in den überlieferten Schriften nicht erwähnt, auch beschränken sich die Fundorte römischer Schwerter nicht nur auf das südpolnische Gebiet. Sie treten weit verstreut auch in Mittel- und Nordeuropa auf.

Dies ist nur ein Beispiel für die mögliche Fehlinterpretation von Quellenmaterial, wenn es nur unter dem technologischen Blickwinkel betrachtet wird.

Dessen ungeachtet bleiben die metallurgischen Analysen und die technologische Dokumentation der einzelnen Fundstücke für die Wissenschaft von großem Wert.

Vermutlich wurden außer den oben erwähnten Waren auch Stoffe und Wein aus dem römischen Imperium importiert. Sie haben aber keine unmittelbar archäologisch faßbaren Spuren hinterlassen.

Abb. 3: Gefunden am Bug. Importierte römische Trinkschale (Glas)

Abb. 4: Goszczynno, Kr. Łęczyca. Importiertes römisches Keramikgefäß aus Terra sigillata

Wie das archäologische Fundmaterial zeigt, bestanden etwa von 150 u. Z. bis 250 u. Z. sehr enge Kontakte zwischen dem römischen Imperium und den Stämmen der polnischen Gebiete. Gegen Ende des 4. Jh. u. Z. kommt der Kontakt durch den Einfall der Hunnen zum Erliegen. Münzfunde aus dieser Zeit stammen deshalb wohl eher von Handelsbeziehungen zu den Hunnen.

Die einzelnen Objekte sind an unterschiedlich gearteten archäologischen Fundplätzen gefunden worden. So treten z. B. Fibeln und Glasperlen sehr häufig in weniger reich ausgestatteten Gräbern auf. Ein Teil der Bronze- und Glasgefäße stammt aus reich ausgestatteten Gräbern. Aus Fürstengräbern sind Silbergefäße, Spielsteine, Bronze- und Glasgefäße bekannt (Abb. 2).

Terra sigillata ist fast nur in Fragmenten erhalten geblieben (Abb. 4). Sie tritt ebenfalls in Gräbern auf. Nur selten wurde sie als Urnen verwandt. Die Schwerter wurden in gut ausgestatteten Kriegergräbern gefunden.

Die Götterstatuetten gehören zu den seltenen Zufalls- bzw. Streufunden. Münzen des 1. Jh. v. u. Z. treten in den Gebieten Polens selten auf. Häufiger finden sich dagegen Münzen des 1. Jh. u. Z., wobei die Münzen aus den Regierungsjahren Neros (54—68 u. Z.) überwiegen. Sehr zahlreich sind silberne Denare des 2. und 3. Jh. u. Z. (Abb. 5).

Die meisten der gefundenen Münzen, etwa 70 000, sind sog. Schatzfunde, die jeweils einige hundert, manchmal sogar einige tausend Münzen umfassen, wie z. B. der Schatzfund von Nietulisk. Der weitaus größere Teil jedoch setzt sich aus Einzelfunden zusammen, die gelegentlich auch in Siedlungen gemacht wurden. In Gräbern werden Münzen selten gefunden, dies betrifft ganz besonders das Gebiet der Przeworsk-Kultur.

Eine derart hohe Zahl von Münzen in den Ländern Polens stellt die Archäologen sowohl vor die Frage nach der Funktion und der Bedeutung dieses Geldes für die örtliche Bevölkerung als auch vor die Frage, welche Gegenleistungen für Münzen und andere Importgüter erbracht wurden. Bei der Beantwortung der ersten Frage ist die Wissenschaft unterschiedlicher Meinung. Einige glauben z. B., daß die Münzen für die einheimische Bevölkerung nur den Wert des Edelmetalls besaßen. Andere vermuten, daß die Münzen als Zahlungsmittel im Handel zwischen römischen Kaufleuten und den örtlichen Stammesältesten benutzt wurden. Überwiegend wird allerdings der Standpunkt vertreten, daß die Münzen ein Zahlungsmittel für den Binnenhandel waren. Als Beweis für diese Theorie führt man die breite Streuung der Münzfunde an, z. B. in Siedlungen, im Eisenerzbergwerk Rudki im Heilig-Kreuz-Gebirge und neben Töpferöfen in Igo Tomia in

Kleinpolen. Ferner wird darauf hingewiesen, daß die Bevölkerung besonders der Gebiete Südpolens unter keltischer Herrschaft schon früher Münzen kennengelernt hatte, die mit Sicherheit dort im Binnenhandel verwandt und vermutlich auch dort geprägt worden waren.

Die Frage nach der Gegenleistung für römische Importe und Münzen läßt sich besser beantworten. Der größte Teil dieser Waren wurde im Tauschhandel erworben. Ein Teil aber, wie z. B. die goldenen Medaillons mit Kaiserporträts aus spätrömischer Zeit (Abb. 6) und wohl auch ein Teil der Münzen, sind vermutlich als Geschenke für Stammesfürsten hierher gelangt. Ähnliches gilt für die bronzenen Weingefäße, die in den frühen Fürstengräbern gefunden wurden.

Der wichtigste Exportartikel der Gebiete Polens war, wie schriftliche Quellen bezeugen, der Bernstein (Abb. 7). Allerdings konnte bisher noch nicht mit Sicherheit festgestellt werden, ob der in den nördlichen römischen Provinzen gefundene Bernstein tatsächlich von der Ostsee stammt. Denselben schriftlichen Quellen kann man entnehmen, daß vermutlich auch Daunenfedern exportiert wurden. Weitere Handelsgüter waren Pelze, Felle, Honig und vielleicht sogar Sklaven.

Abb. 5: Chmielów Piaskowy, Kr. Opatów. Römischer Münzschatz

Einen besonderen Platz nimmt die Frage nach dem Export von Eisen ein, das in den Verhüttungszentren des Heilig-Kreuz-Gebirges gewonnen wurde. Verschiedentlich wird die Ansicht vertreten, daß ein derart großes und gut organisiertes Industriezentrum nicht nur den einheimischen Markt, der fast nur auf das Gebiet der Przeworsk-Kultur beschränkt gewesen wäre, versorgte. Nach den von J. Piaskowski durchgeführten metallurgischen Untersuchungen zeigten sich an den meisten der in den polnischen Gebieten gefundenen Eisengegenständen Eigenschaften, die denen des Eisens aus dem Heilig-Kreuz-Gebirge entsprechen. Ferner meint man, daß ein großer Teil der in diesem Gebiet hergestellten Produkte in die Länder des römischen Reiches exportiert wurde. Als Beweis dafür werden die gerade im Heilig-Kreuz-Gebirge sehr häufig auftretenden Schatzfunde römischer Münzen angeführt.

Gegen diese Annahme spricht jedoch, daß in jener Zeit in Noricum ein bedeutendes Zentrum der Eisenverhüttung bestand. Hier befanden sich reichhaltigere Erze, und die Bevölkerung verfügte über eine weiterentwickelte Technologie. Vergleicht man zudem die Höhe der Eisenproduktion im Heilig-Kreuz-Gebirge mit der Bevölkerungszahl, so läßt sich nicht ausschließen, daß der Binnenmarkt die gesamte Produktion aufnahm.

Auch die Häufigkeit der Münzschatzfunde in diesem Gebiet, die grundsätzlich offenbar nicht anders ist als in anderen Gebieten der Przeworsk-Kultur, kann nicht als ausreichender Beweis für den Export von Eisen oder Eisenwaren gelten. Dieser Einwand gilt besonders unter der Annahme, daß römische Münzen auch im Binnenhandel ein Zahlungsmittel waren. Dies würde eine größere Zahl von Münzen, für die Archäologen in Form von Schatzfunden sichtbar, erklären, ohne daß deshalb Eisen exportiert worden wäre.

Die Frage nach der Verbreitung des Eisens aus dem Heilig-Kreuz-Gebirge und seiner Aufnahme im Binnenmarkt wird seit der Entdeckung eines zweiten großen Verhüttungszentrums im westlichen Masowien verstärkt diskutiert. Das neu entdeckte Zentrum, das von der Spätlatènezeit bis in die frühe römische Kaiserzeit bestand, ist in bezug auf das Fundmaterial

Abb. 6: Zagórzyn, Kr. Kalisz. Solidus des Kaisers Gratian in Gold (367—383 u. Z.)

noch nicht klar genug gedeutet worden. Bislang wurden nur wenige metallurgische Analysen an Funden aus benachbarten Gebieten erstellt. Zu einem späteren Zeitpunkt wird es möglich sein, neue und aussagefähigere Beobachtungen vorzulegen, die vielleicht zur Identifizierung von Eisengegenständen aus diesem Produktionsgebiet führen.

Neben den bereits erwähnten Handelsbeziehungen zwischen den Stämmen in den polnischen Gebieten und dem römischen Imperium müssen weitere, in der archäologischen Literatur schon besprochene, wirtschaftliche Kontakte erwähnt werden. Diese werden vor allem durch die Drehscheibenkeramik charakterisiert. Die bekannten Produktionsstätten dieser Waren gehören in die späte römische Kaiserzeit. Die Töpferscheibe war in den polnischen Gebieten schon früher bekannt, wurde aber nur von der Bevölkerung keltischer Abstammung genutzt.

Die Entwicklung des Töpferhandwerks, das Abdrehen und Herstellen ganzer Gefäße auf der Töpferscheibe wird sowohl für die polnischen Gebiete wie überhaupt für die Gebiete nördlich der Donau allgemein mit dem Zuzug römischer Töpfer erklärt. Später dann wurde diese Art der Gefäßherstellung von der einheimischen Bevölkerung übernommen. Die Gefäßformen der auf den barbarischen Gebieten arbeitenden Werkstätten sind sich sehr ähnlich. Ihre Formen entsprechen den Formen der Gefäße aus dem unmittelbaren Donaugebiet sowie denen vom Schwarzen Meer.

Der Typ des spätrömischen Töpferofens aus Kleinpolen, Schlesien, der Slowakei und der Ukraine zeigt eine große Ähnlichkeit mit den keltischen Töpferöfen aus Böhmen, Mähren und Kleinpolen aus der Spätlatènezeit. Angesichts des mehrere Jahrhunderte dauernden Aussetzens der Anwendung der Töpferscheibe ist anzunehmen, daß sich die keltische Tradition nicht unmittelbar fortsetzte. Es ist jedoch möglich, daß die Töpferscheibe in anderen Gebieten erhalten blieb, z. B. in Pannonien, wo keltische Töpferwerkstätten noch im 2. Jh. u. Z. nachgewiesen sind, und sie von hier aus nach Norden gelangte.

Abb. 7: Bassonia, Kr. Opole Lubelskie. Einheimische Bernsteinkette aus gedrechselten Perlen

Wenn man von römischem Einfluß spricht, muß man auch die Nachahmungen römischer Gefäße erwähnen. Sie lassen sich sehr gut an der mit der Hand hergestellten Keramik erkennen. Es wurden sowohl die Form wie auch das Dekor nachgeahmt. Erwähnenswerte Beispiele dafür sind die gerieften Schalen, die in Anlehnung an römische Glasschalen hergestellt wurden, oder die Verwendung von Zierstempeln.

In der späten römischen Kaiserzeit treten in Pommern sowie in anderen Gebieten Polens gedrechselte Bernsteinperlen auf. Auch dieses Herstellungsverfahren wird auf römischen Einfluß zurückgeführt (Abb. 7).

Die Faßbinderei ist ein Handwerk, das den römischen Einfluß besonders deutlich erkennen läßt. Daubeneimer sind aus spätrömischen Körpergräbern bekannt, die eisernen Eimerbeschläge aus Brandgräbern.

Im landwirtschaftlichen Bereich besitzt ein Teil der auf polnischen Gebieten gefundenen Pflugschare eine große Ähnlichkeit mit denen, die in römischen Provinzen verwendet wurden. In diesem Falle scheint es sich jedoch nicht um Importstücke zu handeln, eher ist hier die Form der Pflugschar nachgeahmt worden.

Dank archäologischer Forschungen ist es möglich, die Ausbreitung verschiedener Wirtschaftsbereiche in den polnischen Gebieten zu bestimmen. Eine besondere Beachtung kommt hierbei den sog. Industriezentren zu. Diese sind z. B. das Heilig-Kreuz-Gebirge, das westliche Masowien und in geringem Umfang Schlesien.

In den Grenzgebieten dieser Zentren befanden sich wahrscheinlich Handelsplätze für die dort hergestellten Waren. Der Tauschhandel an diesen Orten hatte nur lokalen Charakter, obwohl, wie aus einigen archäologischen Funden hervorgeht, dort auch Importe gehandelt wurden. Ein gutes Beispiel dafür könnte das nordöstliche Heilig-Kreuz-Gebiet, ein Grenzgebiet zwischen landwirtschaftlich genutzten Gebieten und Wäldern, sein. Jäger, Fallensteller und Imker aus dem Heilig-Kreuz-Urwald tauschten hier Felle, Leder und Honig gegen landwirtschaftliche Erzeugnisse ein. Das im Heilig-Kreuz-Gebirge hergestellte Eisen war das wichtigste Handelsobjekt auf diesen Plätzen. Von dort aus gelangte es in weiter entfernt liegende Gebiete.

Man kann für das andere Verhüttungszentrum in Masowien ähnliche Handelsplätze voraussetzen. Die Ergebnisse der dort durchgeführten archäologischen Untersuchungen zeigen sehr deutlich, daß sich die Bewohner der Siedlungen auf ganz bestimmte Handwerke spezialisiert hatten. So wurde z. B. die Verarbeitung von Geweih in der Siedlung von Rogowo betrieben. Sehr viele Fragen des Innen- und Fernhandels bedürfen noch weiterer intensiver Erforschung, besonders für den Verlauf der Handelswege. Das wissenschaftliche Interesse konzentrierte sich bisher hauptsächlich auf Fernhandelswege, wie z. B. die sog. Bernsteinstraße. Das wichtige lokale Wegenetz wurde und wird nur am Rande beachtet.

Das Niveau des damaligen Handels läßt vermuten, daß der überwiegende Teil des Tauschhandels direkt zwischen den Interessenten abgewickelt wurde. Mit der Intensivierung des Handels traten sicherlich auch Zwischenhändler an den ständigen Handelsplätzen, z. B. in den großen Siedlungszentren wie Breslau (Wrocław), Oppeln (Opole), Kalisch (Kalisz), Krakau (Kraków), in Kajawien und an der Weichselmündung auf.

Auf diese Art und Weise lassen sich die archäologisch nachweisbaren Kontakte der Stämme des polnischen Gebietes mit dem römischen Imperium während der späten Kaiserzeit darlegen. Man kann feststellen, daß die Kontakte hauptsächlich über den Handel zustande kamen. Auch zeigte sich, daß der Fernhandel mit dem römischen Imperium einen direkten Einfluß auf bestimmte Wirtschaftszweige, z. B. auf die Jagd und auf die Bernsteingewinnung und -verarbeitung, hatte.

Solche Handelsbeziehungen haben sich sicherlich auch auf die Wirtschafts- und Bevölkerungsstruktur ausgewirkt. In diesem Zusammenhang müssen die notwendig gewordene Organisation des Handels, das Auftreten von Zwischenhändlern sowie die Einführung römischer Münzen als Zahlungsmittel bzw. ihr Edelmetallwert genannt werden. Die zuletzt genannten Aspekte schufen Möglichkeiten und Voraussetzungen für die Anhäufung von Reichtum.

(Aus dem Polnischen von R. Maczijewski)

LITERATUR

Bielenin, K.: Starożytne górnictwo i hutnictwo żelaza w Górach Świętokrzyskich (Frühgeschichtlicher Erzbergbau und Eisenverhüttung im Heilig-Kreuz-Gebirge), Warszawa/Kraków 1974.
Godłowski, K./Kozłowski, J. K.: Historia starożytna ziem polskich (Die Geschichte des Altertums auf polnischem Boden), Warszawa 1976.
Dąbrowski, K./Kolendo, J.: Les épées romaines découvertes en Europe centrale et septentrionale, in: Archeologia Polana, 1972, H. 13.
Kietlińska, A.: Zagadnienie popytu na żelazo na naszych ziemiach w okresie rzymskim (Das Problem der Nachfrage nach Eisen auf unseren Gebieten in römischer Zeit), in: Wiadomości Archeologiczne, 38, 1973, S. 281—291.
Majewski, K.: Importy rzymskie w Polsce (Römische Importe in Polen), Wrocław 1960.
Piaskowski, J.: O demniemanym eksporcie żelaza w czasach starożytnych z Gór Świętokrzyskich przez Karpaty do Imperium rzymskiego (Über den vermuteten Eisenexport im Altertum aus dem Heilig-Kreuz-Gebirge über die Karpaten in das römische Imperium), in: Acta Archaeologica Carpathica, 10, 1968, S. 183—194.
Pleiner, R.: Przyczynek do problemu metalurgii wczesnohistorycznej i zagadnienia tak zwanego metalu świętokrzyskiego (Ein Beitrag zum Problem der frühgeschichtlichen Metallurgie und der Frage des sog. Heilig-Kreuz-Gebirge-Metalls), in: Kwartalnik Historii Nauki i Techniki, 10, 1965, Nr. 1—2, S. 19—39.
Wielowiejski, J.: Kontakty Noricum i Paunonii z Ludami północnymi (Die Kontakte Noricums und Pannonlens mit den Völkern des Nordens), Wrocław/Warszawa/Kraków 1970.

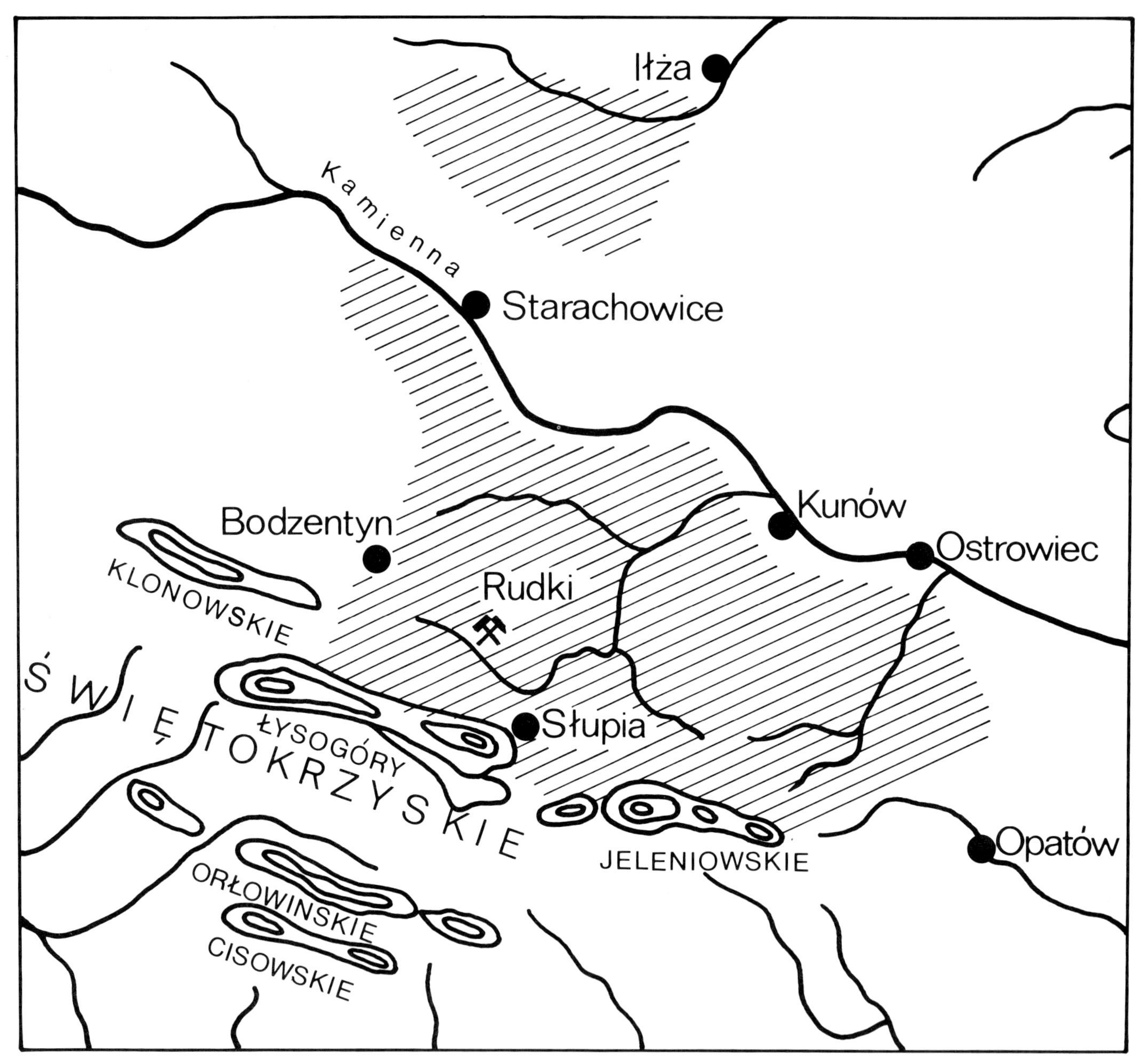

Abb. 8: Rudki. Lage der Grube Staszic vor dem Hintergrund der Verbreitung von Eisenschlacken der Rennofentechnik

Kazimierz Bielenin

Der frühgeschichtliche Eisenerzbergbau in Rudki im Świętokrzyskie-(Heilig-Kreuz-)Gebirge

Bereits zwischen den beiden Weltkriegen haben die Geologen J. Samsonowicz und J. Czarnocki, später auch der Metallurg M. Radwan darauf hingewiesen, daß im nordöstlichen Gebiet des Świętokrzyskie-(Heilig-Kreuz-)Gebirges große Mengen eisenhaltiger Schlacken vorliegen. Zur gleichen Zeit etwa hat man bei Tagebauarbeiten der Grube Staszic in Rudki, nördlich des Chełmowa-Berges, jenseits des Flüßchens Pokrzywianka, Spuren eines alten Bergbaus angetroffen (Abb. 8). In der Tagebauböschung (Abb. 9) wurden nämlich alte eingestürzte Stollen und Schachtreste angeschnitten (Abb. 10, 11) und Werkzeuge aus Holz sowie Scherben von Tongefäßen vorgefunden. Leider wurden diese Funde niemals veröffentlicht.

In den ersten Jahren nach dem Zweiten Weltkrieg stieß man in der Grube in Rudki erneut auf alte Verhaue. In einer Tiefe von 36 m unter der Tagesoberfläche wurde der untere Teil eines alten Schachtes angetroffen. Nach überlieferten Aussagen besaßen die erhaltenen Schachtreste die Gestalt eines Gevierts, wobei die Rahmen aus verblattetem Rundholz bestanden.

Unabhängig von der Entdeckung des frühgeschichtlichen Bergbaus hatte man zur gleichen Zeit im Bereich der Grube in Rudki ansehnliches Material frühgeschichtlicher Siedlungen gefunden. Sowohl in der Zeit zwischen den beiden Weltkriegen als auch in den Jahren 1945—1950 stieß man wiederholt auf Anhäufungen von Keramikscherben primitiv hergestellter Tongefäße, Holzkohle und angebrannter Tierknochen. Diese Funde, insbesondere die Keramik, weisen auf eine intensive Besiedlung der Gebiete in den ersten Jahrhunderten u. Z. hin.

Seit 1955 wurden im nordöstlichen Gebiet des Heilig-Kreuz-Gebirges systematische archäologische Grabungen nach Spuren des frühgeschichtlichen Bergbaus und Hüttenwesens vorgenommen. Neben den Ausgrabungsarbeiten wurden Oberflächenerkundungen zu Inventarisationszwecken durchgeführt. Als Ergebnis konnten in den umliegenden Ortschaften, besonders in der Umgebung von Rudki, Eisenschlackenplätze zu Hunderten registriert werden.

Die über mehrere Jahre andauernden Forschungsarbeiten haben ergeben, daß sich die Eisenschlacken der frühgeschichtlichen Rennofenplätze dieses Gebietes über eine Fläche von ca. 800 qkm erstrecken. Es wurde klar, daß sich hier im Altertum ein überwältigend großes Gebiet intensiver Eisenverhüttung befand. Zu Beginn der frühen römischen Kaiserzeit beginnt die Eisenproduktion. Diese Tätigkeit wurde in der Art der sog. organisierten Rennofenplätze durchgeführt und dauerte wahrscheinlich bis zum Ende der Zeit des römischen Einflusses an.

Eine große Anzahl von Schlackenplätzen um die Ortschaft Rudki und das ganze nordöstliche Gebiet des Heilig-Kreuz-Gebirges deutet von Anfang an auf die Bedeutung des Rohstoffes Eisenerz für das damalige Hüttenwesen hin.

Die Betrachtung der chemischen Zusammensetzung der frühgeschichtlichen Schlacken aus der nächsten Umgebung von Rudki im Vergleich mit dem Eisenerz der Grube Staszic in Rudki ist den beiden nachstehenden Tabellen zu entnehmen.

Im allgemeinen sind die Schlacken aus der Umgebung von Rudki ähnlich phosphorarm wie das hämatitische und limonitische Erz. Der Phosphor gelangte infolge der verhältnismäßig niedrigen Temperaturen des Rennofens in die Schlacke. Der Kieselsäuregehalt der Schlacken ist etwas höher als im Erz, weil nach der Reduktion der prozentuale Gehalt an nicht reduzierbaren Bestandteilen des Erzes ein wenig anstieg. Der Gehalt der basischen Komponenten in den Schlacken ist wie bei den Erzen gering. Der Aluminiumoxidgehalt in der Schlacke ist geringer als in den geringhaltigen Partien des hämatitführenden Letten. Das weist darauf hin, daß man für die Verhüttung möglicherweise

Schlackenproben

	Chełmowa-Berg	Abhang Łysa-Berg	Rudki	Jelenioski-Paß
$Fe_{ges.}$	50,07	49,66	50,92	37,67
Fe_2O_3	4,7	12,8	12,8	11,5
FeO	56,75	45,70	51,104	35,97
MnO	1,57	5,21	2,52	4,70
P	0,097	0,06	0,17	0,15
SiO_2	25,14	20,50	18,53	28,21
Al_2O_3	4,41	7,09	5,20	9,37
CaO	1,40	1,16	1,99	2,88
MgO	0,86	0,95	1,95	1,96
S	0,48	0,25	—	0,29

Erzproben

	Roteisenerz	hämatitführender Letten	derber Hämatit	Limonit
$Fe_{ges.}$	37,93	43,06	60,04	—
Fe_2O_3	52,17	59,83	72,75	16,49
FeO	1,85	1,56	11,79	40,57
Mn	0,41	—	0,61	3,09
P_2O_3	0,14	0,09	0,12	0,50
SiO_2	20,00	15,34	5,94	2,26
Al_2O_3	16,41	15,55	1,95	1,20
CaO	0,28	0,22	0,33	1,07
MgO	0,36	0,25	0,26	0,15
S	0,25	0,02	0,03	0,62
Glühverlust	8,81	7,26	6,53	32,80

mehr hochprozentigen derben Eisenglanz (Hämatit) oder Limonit wählte. Beachtenswert sind der geringe Phosphorgehalt und die bedeutende Menge an Schwefel, die durch die Nachbarschaft eines Pyritlagers gedeutet wird. Der hohe FeO-Gehalt im Eisenglanz und im Limonit kann durch Reste nicht oxydierten Siderites bedingt sein.

Die Reduktion der Eisenerze in den damaligen Rennfeueröfen erfolgte nur unvollständig. Das Ausbringen von Eisen aus dem Erz war demzufolge sehr gering, und das prozentuale Verhältnis aller Bestandteile des Eisenerzes hat sich nach dem Schmelzvorgang in der Schlacke nur geringfügig verschoben.

Vergleicht man die Zusammensetzungen des Erzes und der Schlacke miteinander, so ergibt sich, daß in der Schlacke durch den Reduktionsprozeß der Anteil des oxydierten Eisens (Fe^{3+}) herabgesetzt wurde, wobei das Fe_2O_3 in FeO übergegangen ist. Fernerhin wurde natürlich ein gewisser Prozentsatz zu metallischem Eisen reduziert.

Die leichte Hereingewinnung der losen hämatitführenden Letten aus Rudki und die Möglichkeit des Abbaus im Tagebau wegen der oberflächennahen Ablagerung könnten die Grundlage zur Ausbeutung des Flözes durch das frühgeschichtliche Hüttenwesen im Heilig-Kreuz-Gebirge bilden.

Da die uns bekannten schriftlichen Überlieferungen dieser Gegend die bergmännische Ausbeutung im 17. und 18. Jahrhundert belegen und ein früherer Bergbau durchaus möglich erscheint, stellt sich die Geschichte der Grube Staszic relativ kompliziert dar. Es muß damit gerechnet werden, daß in diesem Grubenfeld zu verschiedenen Phasen Bergbau umging. Diese Tatsache bildet eine grundsätzliche Schwierigkeit bei der methodischen Erforschung derartiger Objekte.

Im Jahre 1957 fand bei der Werksdirektion der Grube eine Konferenz statt, die sich mit der Forschungsproblematik des antiken Bergbaus beschäftigte, nachdem 1956 erneut alte Verhaue angefahren worden waren. Dank dem Entgegenkommen der Betriebsleitung konnten seitdem in der Grube ständig wissenschaftliche Beobachtungen durchgeführt werden. In den Jahren 1958 und 1959 wurden die Reste der alten Verhaue unter Tage bergbauarchäologisch untersucht. Eine kurzfristig angesetzte Untersuchung war deshalb erforderlich, weil sich die eben entdeckten alten Verhaue im letzten Teil des Grubenfeldes befanden, das weder durch den gegenwärtigen Abbau noch durch Erdarbeiten an der Tagesoberfläche zerstört worden war. Ein zusätzliches Argument war die Tatsache, daß die in früheren Jahren mehrmals angetroffenen Spuren alter Bergbautätigkeit für die Wissenschaft unwiderruflich verlorengegangen sind und das zahlreiche, früher gesammelte Material nicht veröffentlich worden war.

Abb. 9: Rudki, Grube Staszic. Abbau der östlichen Grubenwand im Tagebau, 1947

Abb. 10, 11: Rudki, Grube Staszic. In den dreißiger Jahren freigelegter Schacht, etwa aus dem 2. Jh. u. Z.

Untertageforschungen in den Jahren 1958—1959

Zweck der Forschungen waren das Auffinden möglichst großer Mengen archäologischen Beweismaterials für die Rekonstruktion der damaligen Abbautechnik und die Aufklärung der Chronologie des Bergbaus. Es wurden dabei zwei Richtungen eingeschlagen, einerseits wurden im Untertagebereich die alten Verhaue und andererseits an der Tagesoberfläche das Siedlungswesen im Zusammenhang mit der untertägigen bergmännischen Tätigkeit studiert.

Die Untertageforschungen wurden in den Verhauen im Nordteil des Grubenfeldes unter einer sich an der Erdoberfläche nach Norden ausweitenden Geländemulde durchgeführt. Sie erstreckten sich in einer Teufe von 16—18 m. Die im Jahre 1956 entdeckten alten Verhaue waren nur von der tieferen Sohle über einen Blindschacht zugängig. Von dort aus wurde daher der Hauptforschungsquerschlag Nr. 6 nach Westen (6W) und nach Osten (6E) eingeplant (Abb. 12). Die Untersuchung der alten Grubenbaue erfolgte von diesem Hauptquerschlag aus mittels der Querstrecken 6a—6e.

Der Hauptforschungsquerschlag in Richtung Westen wurde durch Letten und Schieferschichten mit kleinen „Hämatitlinsen" in metasomatischen Dolomiten sowie „Eisenletten" vorgetrieben. Der Vortrieb war sehr schwierig zu bewältigen, denn der sehr fette Ton klebte fest zusammen. Im tauben Gebirge verwendete man Sprengstoff, in den alten Verhauen dagegen wurde von Hand gearbeitet (Abb. 13).

Bei 42 m vom Ausgangspunkt des Querschlages 6W wurden an der Firste Schichten verwitterten, rot-gelblichen Hämatits mit Holzbruchstücken des alten Ausbaus angetroffen (Abb. 14). Dieser Querschlag wurde bis zu einer Länge von 82 m in zusammengedrückten und eingestürzten Verhauen vorgetrieben. Es traten unregelmäßig Holzreste von Rund- und Spalthölzern auf. Vorgefunden wurden sie in allen möglichen Lagen, in senkrechter bis horizontaler Anordnung am ganzen Querschnitt des Querschlages. Aber neben der veränderten, ziemlich zufälligen Lage des alten Holzes konnten in den zusammengedrückten Verhauen gelegentlich intakte Holzelemente gefunden werden, die sich noch in ihrer ursprünglichen Anordnung befanden (Abb. 15).

Bei Punkt 45 m des Querschlages 6W wurde ein Rundholz von ca. 20 cm Durchmesser in waagerechter Anordnung angetroffen, auf dem mehrere parallele dünne Rundhölzer von ca. 10 cm Durchmesser quer lagen. Dies war ein Teil einer noch erhaltenen Streckenzimmerung mit Resten des Firstenverzugs und eines Teiles des rechten Stoßverzugs (Abb. 16).

Bei Punkt 53 m des Querschlages 6W wurde das Fragment eines Stoßverzuges aus flach gespaltenen Brettern angetroffen. Weitere charakteristische Holzansammlungen wurden bei Punkt 55 m vorgefunden: Rundhölzer mit einem Durchmesser von 15—20 cm, Spaltholz und dünnere Rundhölzer.

Abb. 12: Rudki, Grube Staszic. Situationsplan der 1958/59 durchgeführten Untertageforschungen. Schraffur: Zone vor- und frühgeschichtlicher Abbauräume; Kreuzschraffur: Zone neuzeitlicher Abbauräume

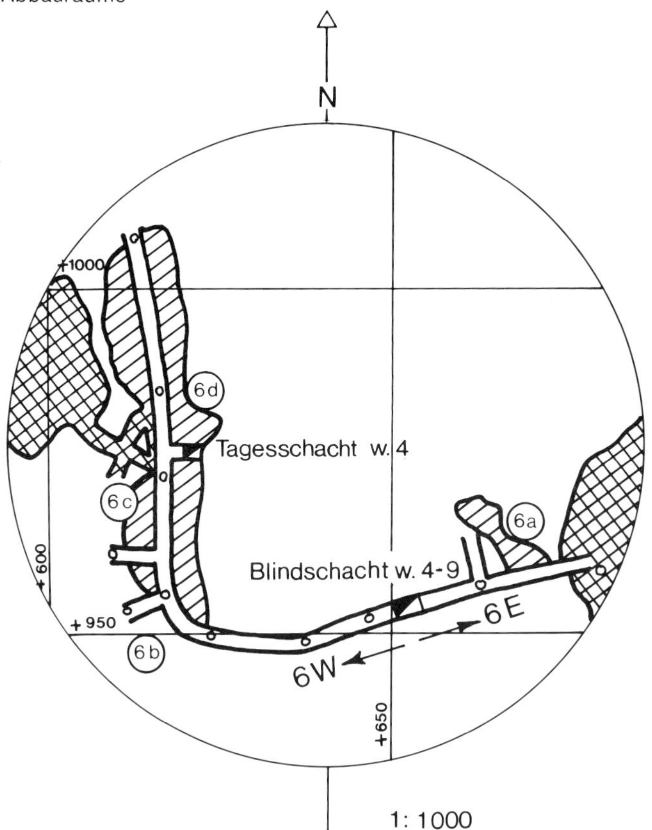

Beim weiteren Vortrieb fand man zwischen Holzfragmenten und Holzansammlungen zwölf ganze, nicht beschädigte Spaltbretter mit Einschnitten an beiden Enden. Besondere Beachtung verdienen eine Anhäufung dünner, an einem Ende angekohlter Scheithölzer sowie größere Mengen Holzkohle.

Eine sehr interessante Entdeckung ergab sich bei Punkt 80 m: In einem mit Bergen versetzten Streckenabschnitt fand man einen intakten Holztürstock (Abb. 17). Die Höhe der Stempel betrug 106 und 108 cm. Die Rundholzkappe war an ihren beiden Enden abgeflacht, so daß sie voll auf den Stempeln auflag. Die abgeflachten Kappenlängen betrugen 26 und 28 cm. Die Stempel stützten die Kappe nicht an ihren Enden, sondern waren etwas zur Mitte gesetzt (Abb. 18). Bei einer Länge der Kappe von 116 cm betrug die lichte Streckenbreite 76 cm; quer auf der Kappe befanden sich zwei Spalthölzer (16 und 18 cm breit) als Verzug (Abb. 19).

Das Ausbaufragment stand nicht auf festem Gebirge, sondern befand sich darüber in hämatitführenden Letten alter Verhaue. Dies ist von grundlegender Bedeutung für die Rekonstruktion der Abbautechnik.

Der Querschlag 6E stieß bei Punkt 26 m Länge auf Reste eines senkrechten Schachtes, der mit dem untersuchten Abbau in Verbindung stand (Abb. 20, 21). Sein Ausbau bestand aus ca. 17 cm breitem und ca. 4 cm starkem Spaltholz. Die Gevierthölzer waren miteinander durch eine Verblattung verbunden (Abb. 22). Aus den völlig erhaltenen Rahmenelementen konnte ein lichter Schachtquerschnitt von 1,10 × 1,75 m ermittelt werden.

Das entdeckte Schachtfragment wies eine starke Abweichung von der Senkrechten auf, wobei die Schachthölzer nach innen eingedrückt waren. Diese Deformationen sind auf die Verschiebung bzw. Verrückung des umliegenden Gebirges zurückzuführen (Abb. 23). Der Schacht verschlammte bereits im Altertum, vermutlich nach der Stillegung. Unterhalb des Schachtes, in einer Teufe von ca. 17 m, befand sich nämlich eine feste, Sand und Hämatitklümpchen enthaltende Schlammschicht. Dabei fanden sich Sandsteingerölle und an der Tagesoberfläche auftretende Quarzitgesteine.

Abb. 13: Rudki, Grube Staszic. Untertageforschungen 1958/59 in 16—18 m Teufe

Holz — so zeigen die Funde — hat in der Hauptsache als Ausbaumaterial gedient. Sämtliche aufgefundenen Reste sind präpariert worden. Für die Funktionsbestimmung besitzen die unversehrten Ausbauelemente den größten Wert. In den untersuchten Verhauen war nur ein geringer Teil des hölzernen Materials unversehrt, in den meisten Fällen wurde nur Bruchmaterial angetroffen. Manche Teile unterlagen mehrmaligen Brüchen bzw. Zerdrückungen durch die Bewegung des Gebirges.

Abb. 14: Rudki, Grube Staszic. Schraffur: Zone alter Verhaue, die sich zwischen den Punkten 42 und 45 m des Querschlages 6W von der Firste lösten; ohne Schraffur: unverritzter Siderit

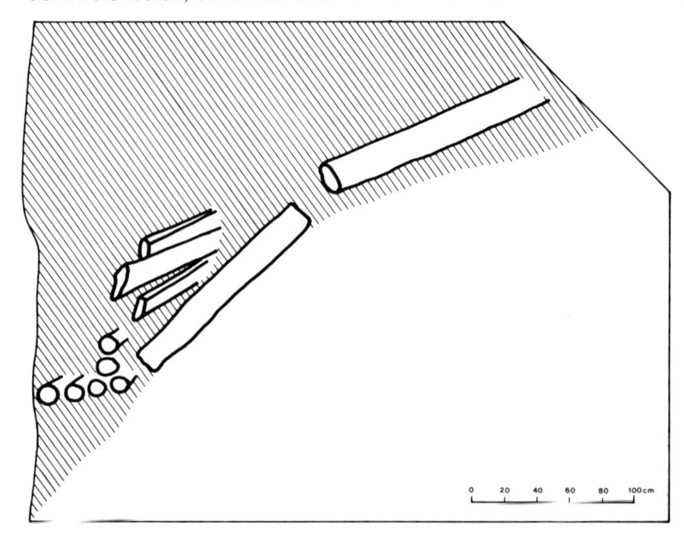

Abb. 15: Rudki, Grube Staszic. Verzugholz aus Spalthölzern

Am meisten gelangten Rundhölzer als Ausbaumaterial zur Anwendung (Abb. 24). Unversehrte Rundhölzer besaßen einen Durchmesser von 8—12 cm. In geringerem Maße wurden auch Hölzer mit bis zu 20 cm Durchmesser verwendet, alle waren nicht entrindet; am Stamm blieben oft die Astansätze oder nachlässig abgeschnittene Aststücke stehen (Abb. 25, 5—7). Das Holz war mittels einer Axt bearbeitet worden. Es stammte sowohl von Nadel- als auch von Laubbäumen. Neben Kiefer wurden Birke, Pappel und Buche verwendet.

Abb. 16: Rudki, Grube Staszic. Teile der Streckenzimmerung aus Rund- und Spalthölzern. Schraffur: alter Verhau; ohne Schraffur: unverritztes Gebirge

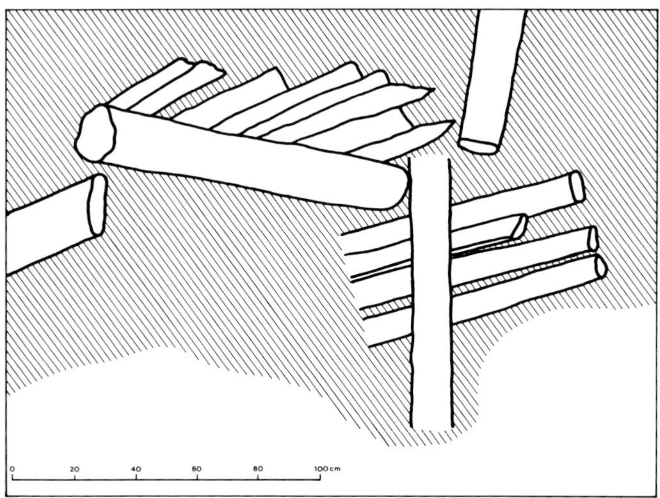

Die Rundhölzer von geringerem Durchmesser waren bis 1,30 m lang, andere reichten bis 1,85 m. Die dikkeren Rundhölzer bildeten das Grundmaterial für den Ausbau der Strecken und der Abbauhohlräume. Die Abstützung des Hangenden geschah mittels einer Kappe (Querbalken), die auf zwei Stempeln auflag. Daneben wurden in Strecken kleineren Querschnitts Kappen von ca. 1,16 m sowie Stempel bis ca. 1,08 m verwendet.

Außer Rundholz tritt eine große Menge scharfkantigen Holzes auf. Das wichtigste ist Spaltholz — dicke Bretter aus längsseits gespaltenem Rundholz. Von den vorgefundenen Spaltholzbrettern maßen die kürzesten 0,75 m, die mittleren ca. 1,00—1,10 m und die längsten ca. 1,40 m. Charakteristisch sind hier die Spalthölzer mit Verblattung (Abb. 26). Diese Spaltbohlen sind im Erzbergwerk in Rudki Bestandteile des Schachtausbaus. Sie geben die Ausmaße der Schachtöffnung an.

Außer den Spaltholzbohlen mit Verblattung (Abb. 26, 1—16) wurden auch Reste oder ganze Spaltbretter mit geraden Enden vorgefunden (Abb. 26, 17—22), die anderen Zwecken dienten.

Von dem in den alten Verhauen vorgefundenen Gezähe sind kleine Schaufeln aus Eichenholz hervorzuheben (Abb. 27). Eine fast gänzlich erhaltene Schaufel hat einen 54 cm langen und ca. 3 bis 4 cm dicken Stiel, der mit einem flachen Blatt von fast quadratischer Gestalt und abgerundeten Ecken endet. Die Ausmaße der Schneide betragen ca. 10 × 16 cm. Eine zweite Schaufel, deren Stiel und Blatt auch aus einem Holzstück hergestellt waren, besaß fast dieselben Ausmaße wie die vorgenannte, ihre Schneide war jedoch oval.

Aus dem zur Benutzung vorbereiteten Holz wären ferner die verschiedensten Keile zu erwähnen, kurze und breite sowie lange und schmale (Abb. 25, 12—16, 20—23; Abb. 29). Beachtenswert sind ziemlich genau bearbeitete Teile (Kufen) eines Schlittens oder einer Trage (Abb. 24, 9—11).

Das Holz lag in den alten Verhauen in dichten, fetten Schichten tonartigen Hämatits bzw. Siderits. Bei völliger Isolation gegen jegliche Luftzufuhr entstanden

Abb. 17, 18: Rudki, Grube Staszic. Gut erhaltener Türstock aus Stempeln und abgeflachter Firstenkappe

vorzügliche Bedingungen für eine Konservierung. Diese Tatsache hatte zur Folge, daß das in den alten Abbauräumen verbliebene Holz keinen Moderprozessen unterlag. Außerdem wurden in den Verhauen Sandsteingerölle und scharfkantige Quarzitsteine mit einem Gewicht von ca. 1 kg in Gestalt von Klopfsteinen oder Picken vorgefunden. Eiserne Werkzeuge oder zumindest ihre Fragmente wurden nicht gefunden.

Chronologisch ist der untersuchte Bergbau durch die in den höheren, oberflächennahen alten Abbauräumen vorgefundene Keramik in die Zeit des römischen Einflusses einzuordnen. Es bleibt hinzuzufügen, daß sich das angesammelte Fundmaterial mit dem bereits zwischen den beiden Kriegen gefundenen Material deckt. In dieser Zeit waren auch Reste senkrechter, in gleicher Technik gezimmerter Schächte sowie Reste von Strecken mit ähnlichem Ausbau entdeckt worden (Abb. 10, 11). Das zahlreich angesammelte keramische Material bewog bereits damals S. Krukowski zur Datierung des Bergbaus in Rudki in die römische Zeit.

Neuerdings liegen zwei Radiocarbondaten vor. Ein Rundholz ergab ein Alter von 1750 ± 70 Jahren, d. h. 200 u. Z., und ein Spaltholz wurde mit 1755 ± 55 Jahren auf 195 u. Z. datiert.

Das Erzvorkommen wurde mittels senkrechter oder schräger Schächte erschlossen. Es wurden Reste zweier senkrechter Schächte entdeckt. Die Schachtsohlen befanden sich im Niveau des vorgetriebenen Querschlags. Schacht Nr. 1 war rechteckig mit einem Querschnitt von 1,10 × 1,75 m mit deutlicher Abweichung nach Westen. Der Neigungswinkel wird auf ca. 80° geschätzt. Die Schachttiefe erreichte 18 m; einige früher entdeckte Schächte waren tiefer.

Der Abbau des Lagers wurde von unten nach oben betrieben. Als Abbauverfahren bediente man sich des Firstenstoßbaus aus waagerechten Strecken. Nachdem die bereits entstandenen Hohlräume versetzt waren, baute man darüber im höheren Niveau weiter ab. Als Versatz diente taubes Gestein wie Ton und Schiefer. Da während des Abbaus mehrere Schächte vorhanden waren, ist anzunehmen, daß eine ausreichende Bewetterung der Grube gewährleistet war. Die Arbeitsplätze wurden mittels Kienholz beleuchtet.

Abb. 20, 21: Rudki, Grube Staszic. Nordöstliche Ecke des in der Strecke 6E entdeckten Schachtes. Die Verblattung ist besonders gut sichtbar

Abb. 19 (links oben): Rudki, Grube Staszic. Schema des Türstocks bei Punkt 80 m

Abb. 22: Rudki, Grube Staszic. Schema der Schachtzimmerung

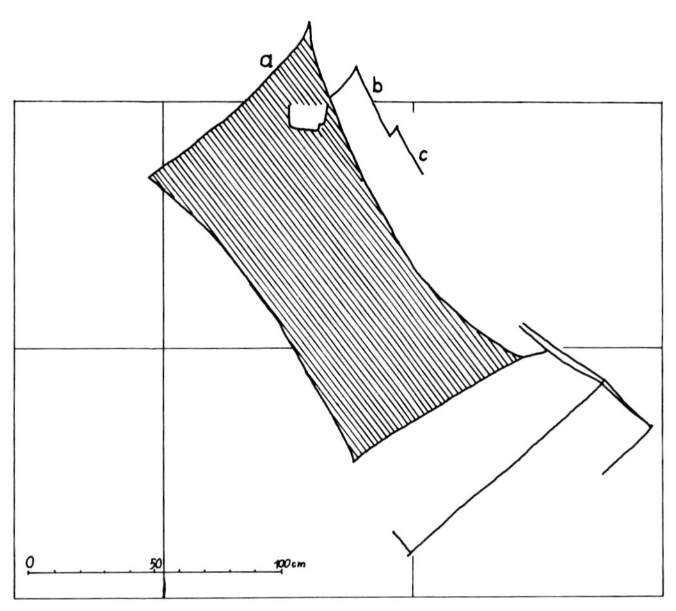

Abb. 23: Rudki, Grube Staszic. Gestalt des deformierten Schachtquerschnittes; a: Ecke in Firstenhöhe des Querschlages, b: 60 cm, c: 120 cm unter der Firste

In der Grube Rudki treten mehrere Eisenerze auf — hämatitführender Letten, Roteisenerz, Ocker, Brauneisenerz und Siderit. Wie die Forschungen von M. Nieć ergaben, konnten alle diese Erztypen abgebaut werden, sogar Siderit in zerbröckelten Partien oder vermischt mit den genannten Erztypen.

Aus den archäologischen und geologischen Untersuchungen in Anlehnung an die chemischen Analysen geht hervor, daß die sich am Nordufer des Flusses Pokrzywianka im Gebiet der heutigen Ortschaft Rudki befindenden Erzausläufer im Tiefbau abgebaut wurden. Es handelt sich hier um einen Abbau im sog. Eisernen Hut, in dem vorwiegend Erze auftreten, die durch Oxydation der primären Erze wie Pyrit, Hämatit und Siderit entstanden sind. Je nachdem, wie stark die primäre Lagerstätte durch die Oxydationszone verändert ist, finden sich auch innerhalb des Eisernen Hutes Partien des ursprünglichen Erzes wie hier der Hämatit. Der Eiserne Hut bildet oft Lagerstätten, die reicher an Eisen sind als das primäre Erzlager. Die Mächtigkeit der Oxydationszone in Rudki beträgt über 20 m. Darin befinden sich die alten Bergverhaue. Die lockere Beschaffenheit der oxydierten Zone erlaubte eine ziemlich leichte Hereingewinnung mittels Holzschaufeln. Das Haufwerk wurde unter Tage mittels Tragen oder Schlitten zum Schacht befördert, von wo es vielleicht in Körben mit Hilfe handbetriebener Häspel an die Oberfläche gelangte. Das Erz wurde teilweise unter Tage sortiert, meistens jedoch erst an der Tagesoberfläche vom tauben Gestein getrennt und den Verhüttungsplätzen zugeführt.

Im Jahre 1956 wurde neben der Erforschung des untertägigen Bergbaus das frühgeschichtliche Siedlungswesen untersucht, das sich auf den unteren Teil des südlichen Hanges der nördlichen Talniederung (Abb. 28) erstreckte. Hier fanden sich die Reste eines Wohnobjektes mit einer Feuerstelle, eine große Anzahl handgefertigter Keramikgefäße — charakteristisch für die römische Kaiserzeit — sowie gebrannte Tierknochen.

Etwa 90 m südwestlich davon stieß man auf Spuren eines anderen Wohnobjektes. Hier war eine flache Vertiefung mit einem Durchmesser von ca. 1,60 m und ca. 0,50 m Tiefe mit lockerer Asche ausgefüllt, in der sich große Scherben handgemachter Gefäße sowie Scherben grauer Drehscheibenware befanden. Eine an anderer Stelle entdeckte 6 m lange Kulturschicht war ca. 35 cm dick. In der Schicht wurden außer Keramikbruchstücken drei römische Denare, davon zwei Vespasian und ein Trajan, gefunden. Handgemachte Keramik tritt hier häufig mit gedrehter, glatter, grauer Keramik auf, die typisch ist für die mittlere und späte Kaiserzeit dieser Gebiete. Danach kann die Siedlung des Grubengeländes auch in die spätrömische Zeit datiert werden. Die hier gefundenen Münzen zeugen von ihrem Umlauf im Gebiet des Heilig-Kreuz-Gebirges noch in der späten römischen Kaiserzeit.

Die Gesamtbetrachtung des frühgeschichtlichen Eisenhüttenwesens im Heilig-Kreuz-Gebirge weist der frühgeschichtlichen Eisenerzgrube als äußerst bedeutendem Unternehmen einen hohen Stellenwert zu, wobei besonders das hohe Niveau der bergmännischen Arbeit angesichts schwieriger Gebirgsverhältnisse ins Auge sticht. Der enorme Umfang der Produktion des frühgeschichtlichen Hüttenwesens im Heilig-Kreuz-Gebirge steht mit der Erzgewinnung in

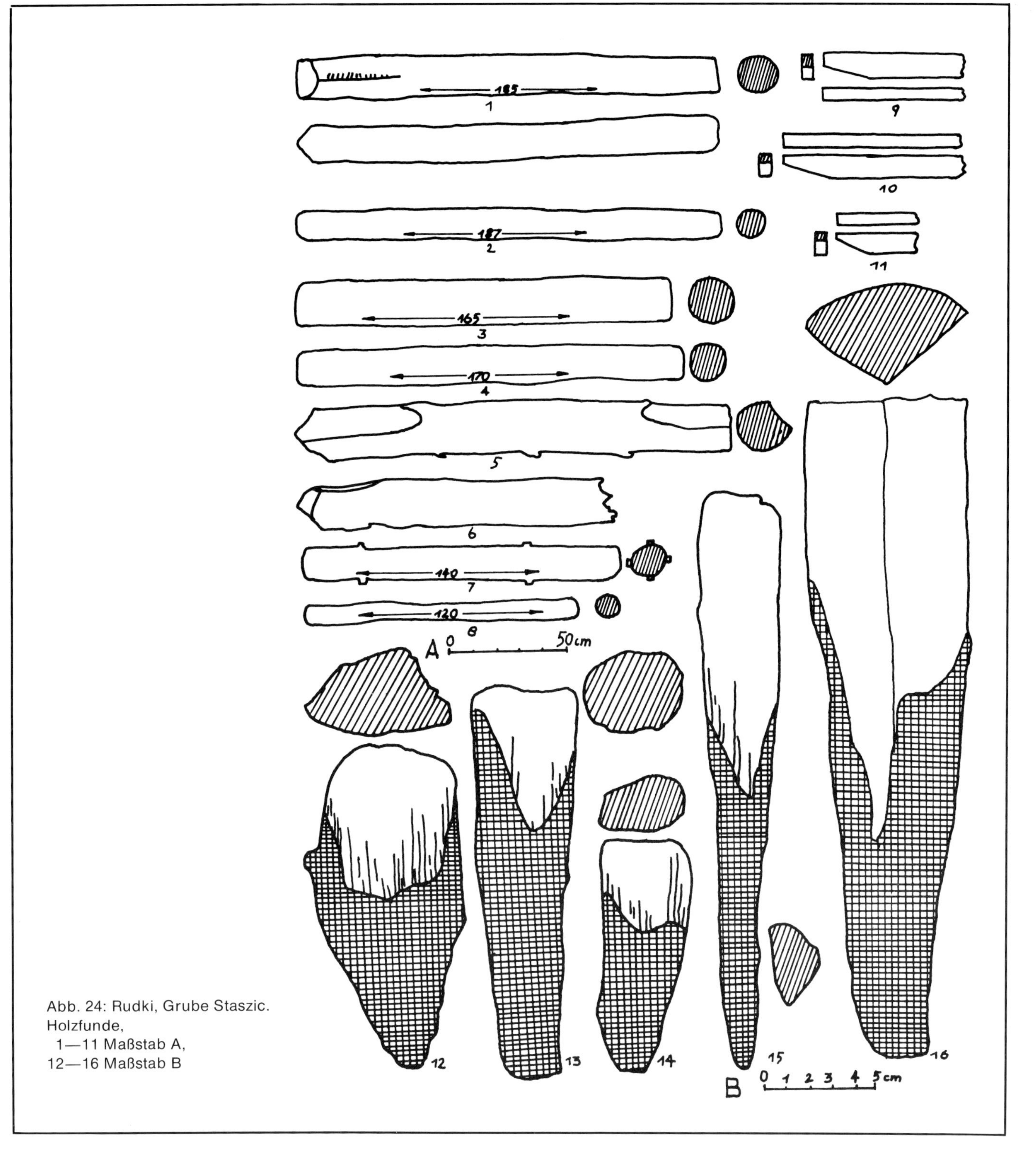

Abb. 24: Rudki, Grube Staszic.
Holzfunde,
1—11 Maßstab A,
12—16 Maßstab B

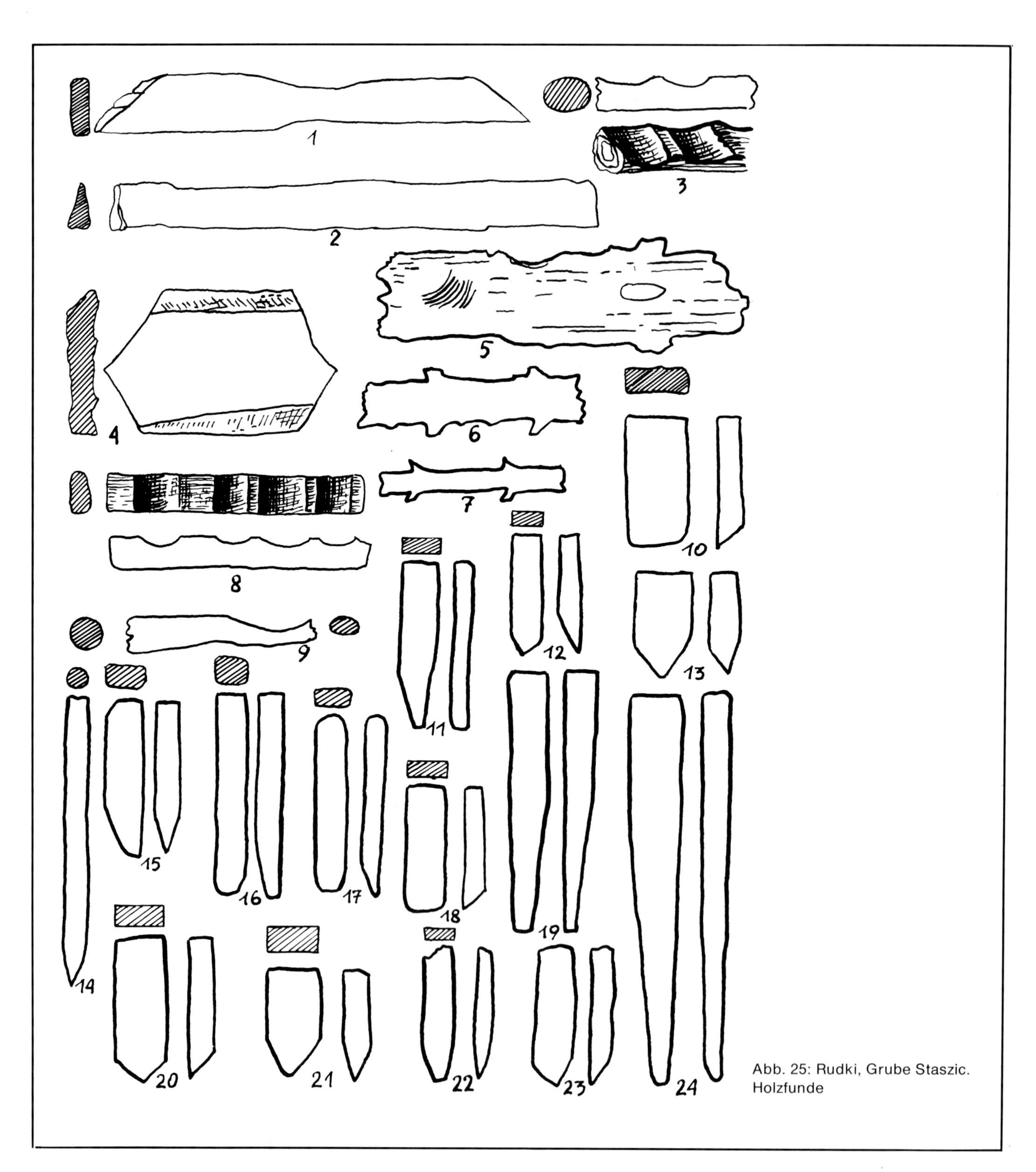

Abb. 25: Rudki, Grube Staszic.
Holzfunde

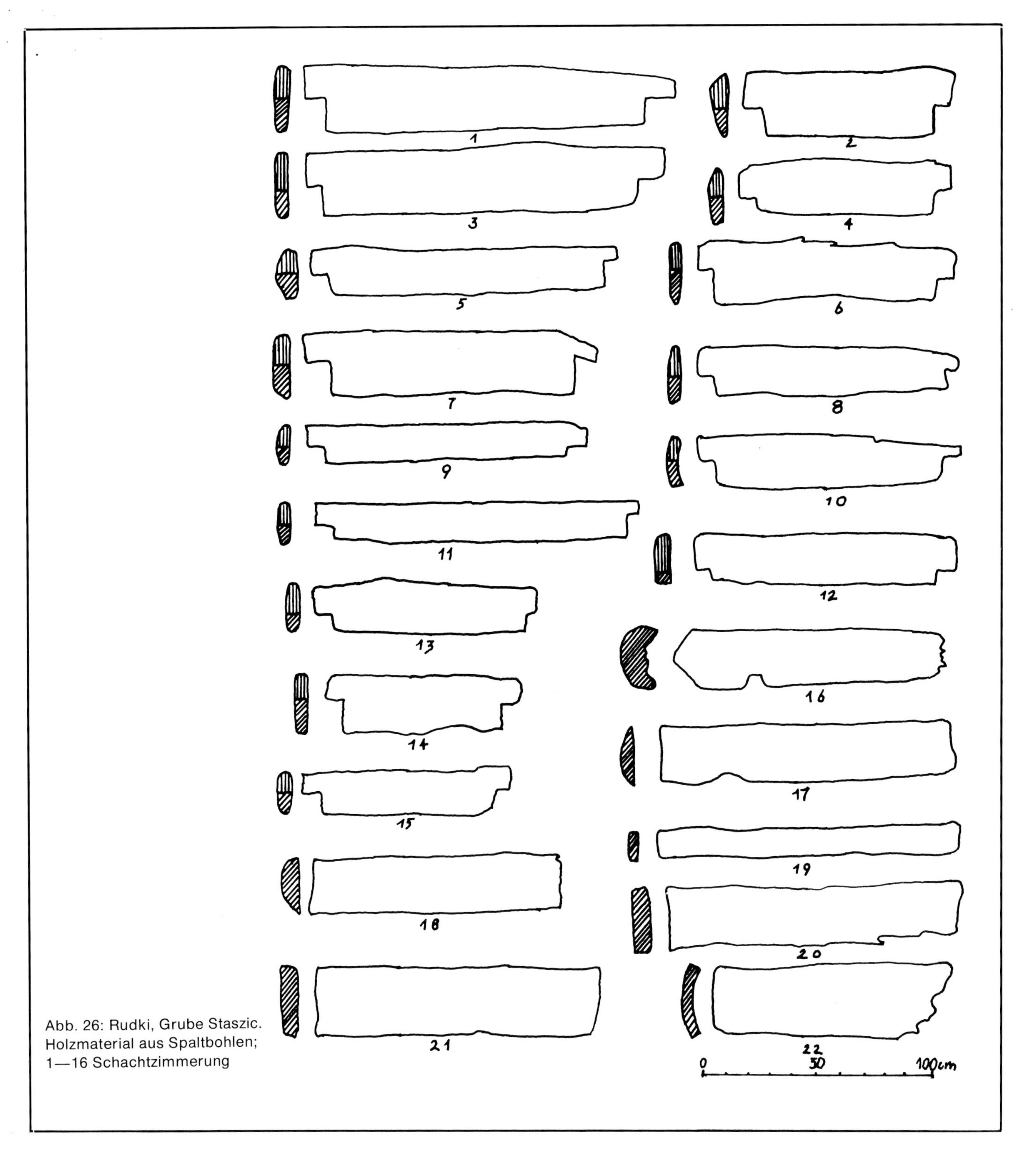

Abb. 26: Rudki, Grube Staszic. Holzmaterial aus Spaltbohlen; 1—16 Schachtzimmerung

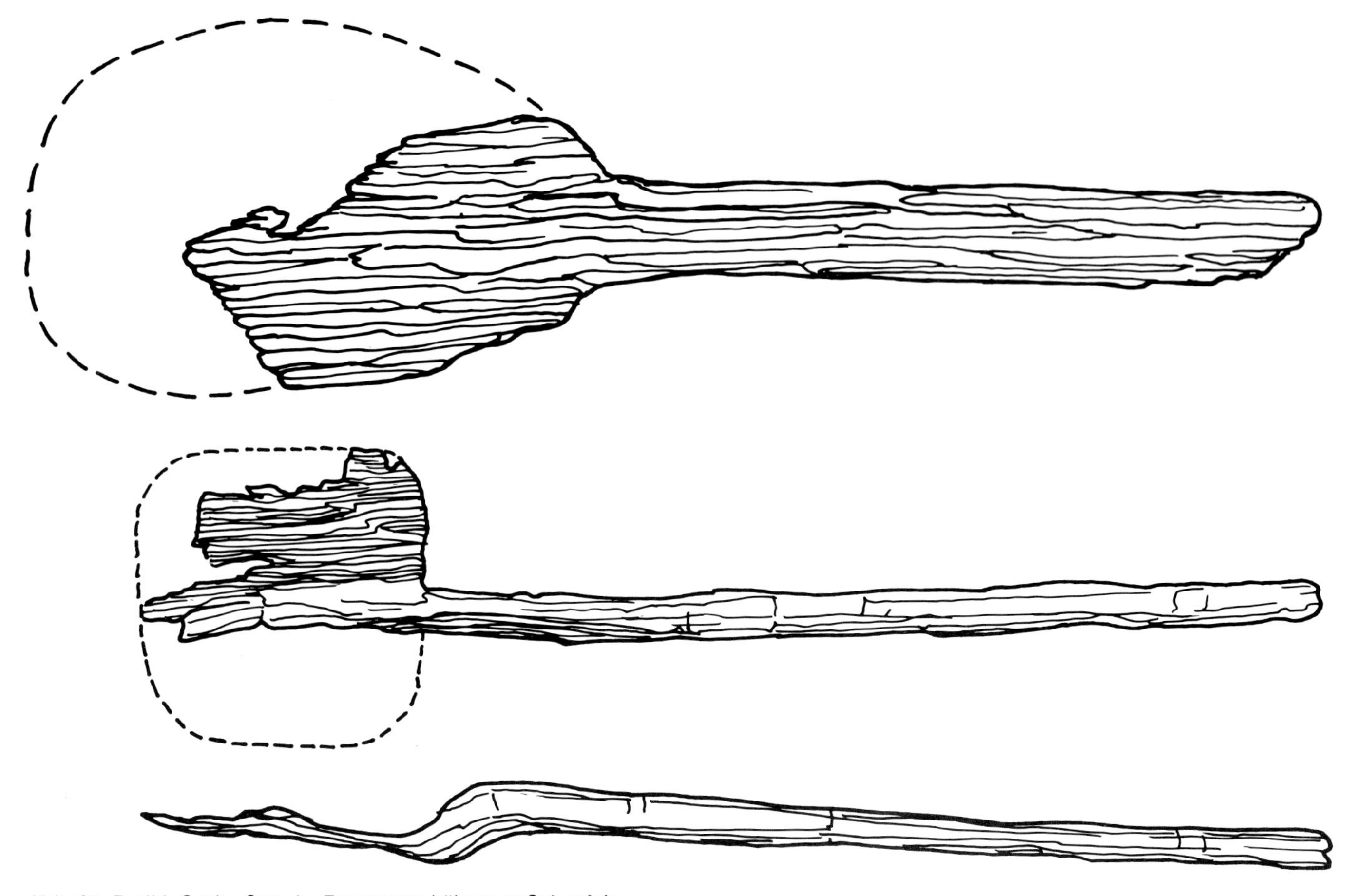

Abb. 27: Rudki, Grube Staszic. Fragmente hölzerner Schaufeln

der Grube Staszic in engem Zusammenhang. Die Anzahl der katalogisierten Ofenplätze und die Schätzung der ja nur einmal arbeitenden Rennöfen ergaben einen Eisenerzbedarf von ca. 50 000—60 000 t.

Der hohe Stand der Organisation dieser frühgeschichtlichen Hüttenindustrie offenbart sich in Tausenden von Hüttenplätzen, die zur Deckung des Erzverbrauchs eine eigene Eisenerzgrube besaßen. Dieses Faktum ist in der Geschichte der Technik und der Zivilisation der frühgeschichtlichen Welt Europas eine äußerst seltene Erscheinung. Weder in den Gebieten des „barbarischen" Europas noch außerhalb davon kann eine Analogie nachgewiesen werden.

Der Stand der Technologie, der Organisationsgrad der Arbeit und der Umfang der Produktion versetzen Archäologen und Technikhistoriker in Staunen. Dabei stellen sich folgende grundlegende Fragen: Wer organisierte diese Industrie? Für wen arbeitete sie? Wer war der Abnehmer solch großer Eisenmassen?

Die Tausende Tonnen Eisen, die in der römischen Kaiserzeit im Weichselbogen hergestellt wurden, geben heute Veranlassung, die gegenseitigen Kontakte und Einflüsse der römischen Provinzen auf die Länder nördlich des Limes und umgekehrt weiter zu erforschen und neu zu überdenken.

Abb. 28: Rudki, Grube Staszic. Gebiet der archäologischen Siedlungsforschungen

Abb. 29: Rudki, Grube Staszic. Holzkeile aus der antiken Grube

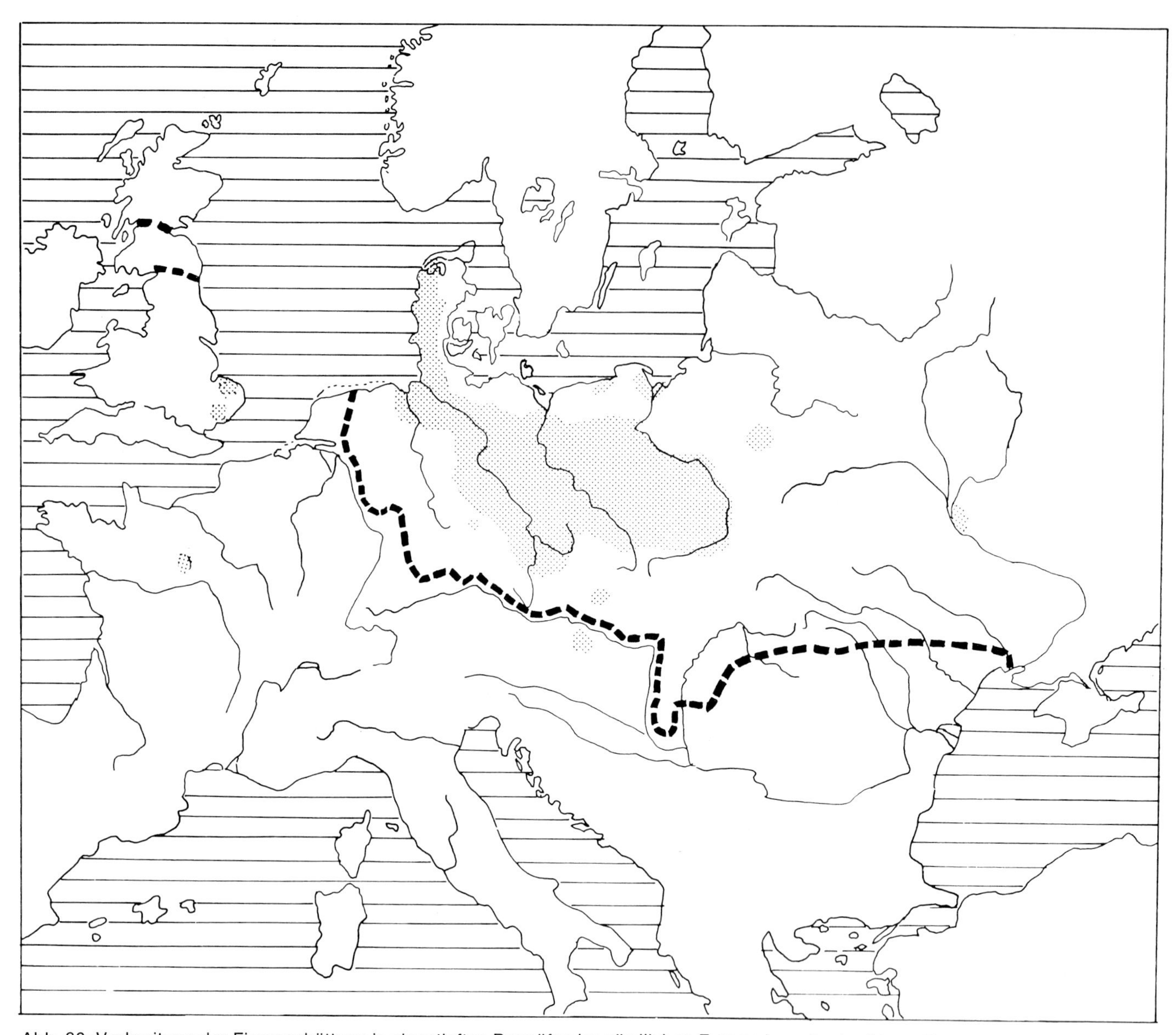

Abb. 30: Verbreitung der Eisenverhüttung in eingetieften Rennöfen im nördlichen Europa jenseits des Limes Romanus

Kazimierz Bielenin/Stefan Woyda

Zwei Eisenverhüttungszentren des Altertums im Weichselbogen (1. Jh. v. u. Z.—4. Jh. u. Z.)

Unter den Fragestellungen, die sich mit der Erforschung der späten vorrömischen Eisenzeit und der Zeit römischen Einflusses befassen, gehört die gesamte Wirtschaftsproblematik jener Zeit zu den wichtigsten. Als auffallende Erscheinungen dieser Epoche seien die in vielen Gebieten beobachtete Intensivierung der Produktion, oft gestützt auf neue, komplizierte Technologien, sowie eine Konzentration einiger Zweige spezialisierter Produktion auf einem bestimmten, verhältnismäßig kleinen Territorium genannt. Auf dem Gebiet Polens betrifft dies insbesondere die Keramikherstellung, die sich der Drehscheibe und verbesserter Öfen bediente, und die hier angesprochene Eisenverhüttung. Ursachen und Wesen dieser Erscheinungen sind gewiß vielschichtig. Es wäre falsch, sie ausschließlich und eng in den Bereichen der Wirtschaft und der Produktion zu suchen, sind sie doch ein Element miteinander verknüpfter, tiefer und komplizierter Umwandlungen der gesamten Lebensverhältnisse benachbarter barbarischer Gesellschaften am Ende des Altertums. In diesem Zusammenhang wurde in den bisherigen, seit mehreren Jahren andauernden Forschungen das große Eisenverhüttungszentrum vom Góry Świętokrzyskie (Heilig-Kreuz-Gebirge) untersucht. Neben dem grundlegenden Studium der Produktionstechnologien haben die Untersuchungen auch breit angelegte Forschungen zu Wirtschafts-, Siedlungs- und Sozialfragen sowie ethnischen Problemen umfaßt.

In den letzten Jahren erfuhr die Problematik der vorgeschichtlichen Eisenverhüttung auf dem Gebiet Polens eine wesentliche Erweiterung. Ein Grund dafür war die Entdeckung eines zweiten großen Eisenverhüttungszentrums in Masowien, in der Nähe von Warschau (Abb. 31).

Frühgeschichtliches Eisenhüttenwesen im Świętokrzyskie-(Heilig-Kreuz-)Gebirge

Das Heilig-Kreuz-Gebirge ist ein Komplex von Gebirgskämmen, der sich von Sandomierz im Osten bis nach Przedbórz im Westen erstreckt. Die Hauptgebirgskette zieht sich von Tumlin, nördlich von Kielce, bis fast nach Opatów hin. Sie wird durch Flußtäler in drei Gebirgszüge gegliedert, in den Masłowskie-Zug, den Łysogórski-Zug und den Jeleniowski-Zug.

Aus dem nordöstlichen Teil des Heilig-Kreuz-Gebirges sind seit langer Zeit große Fundmengen von Eisenschlacken aus Rennöfen bekannt (Abb. 32). In besonders großer Zahl trifft man solche Eisenschlacken im Gebiet zwischen Bodzentyn und Opatów, auch zwischen dem Gebirgszug der Łysa Góra und dem Fluß Kamienna und anderen Gegenden nördlich dieses Flusses an. Bis jetzt sind Fundstellen von frühgeschichtlicher Eisenschlacke in einem Gebiet von über 800 qkm bekannt. Man findet diese Schlacke auf Äkkern, in Wäldern, besonders aber an Berghängen und auf Anhöhen. Die ursprüngliche Form der aus dem Heilig-Kreuz-Gebirge stammenden Schlacke ist die eines zylindrischen Blockes mit einem Durchmesser von ca. 40 cm bei gleicher Höhe und einem Gewicht von ca. 100 kg.

Vorwiegend wird sie jedoch in unterschiedlich großen Klumpen gefunden. Diese Klumpen sind sehr porös und weisen Abdrücke von Holzkohle auf (Abb. 33).

Bereits im Jahre 1815 schrieb Stanisław Staszic: „In der Umgebung der Łysa Góra, im Umkreis von mehreren Meilen, findet man auf den Feldern besonders große Mengen von Eisenschlacke." Aber erst zwischen 1918 und 1939 wurden die Eisenschlacken wissenschaftlich untersucht. Dabei stellten der Geologe Jan Samsonowicz und der Metallurg Mieczysław Radwan fest, daß die Schlacken immer an Abhängen bzw. auf Anhöhen auftreten und der Eisengehalt noch ca. 50 % beträgt. Sie vertraten schon damals den Standpunkt, daß es sich hierbei um Rückstände einer sehr frühen Renntechnik handelt.

Aufgrund des hohen Eisengehaltes begann sehr bald die systematische Ausbeutung der Eisenschlacken durch Bauern und Unternehmer, die sie für eine noch-

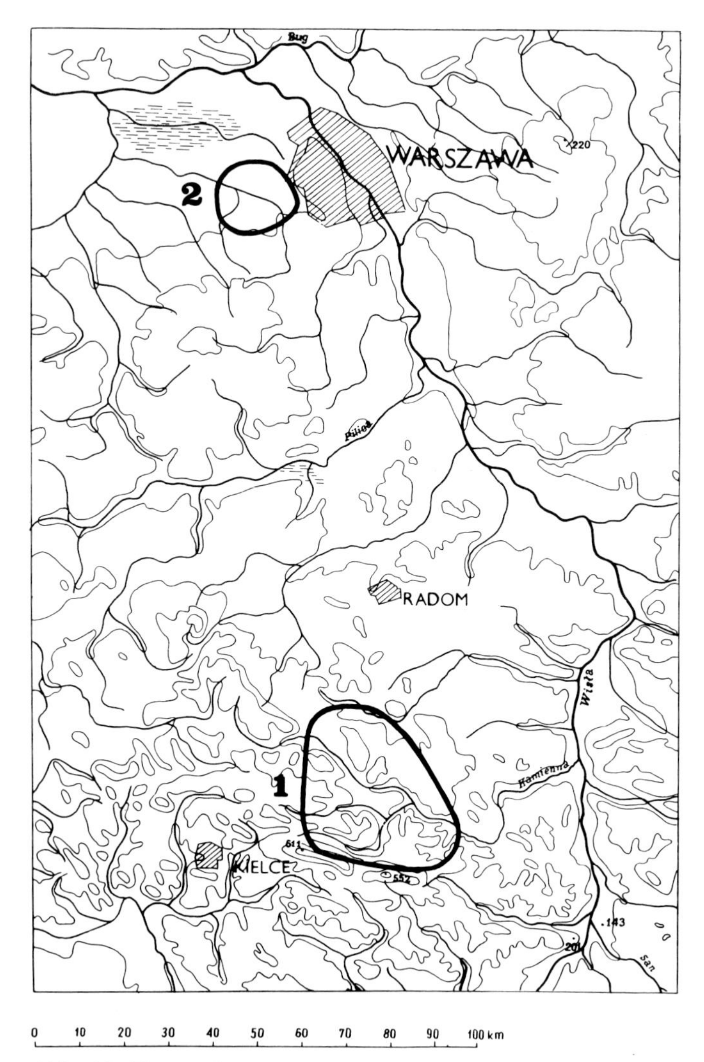

Abb. 31: Eisenverhüttungszentren im Weichselbogen; 1: Heilig-Kreuz-Gebirge, 2: Masowien

malige Schmelze an Eisenhütten verkauften. Den Archivaufzeichnungen einer einzigen Hütte in Nowy Bytom läßt sich entnehmen, daß hier über 100 000 t alter Schlacke umgeschmolzen wurden.

Mit der umfassenden, planmäßigen archäologischen Erforschung der Schlackenfunde im Heilig-Kreuz-Gebirge begann das Archäologische Museum in Kraków gemeinsam mit Metallurgen und Geologen der Gemeinschaft für Geschichte der Polnischen Hüttentechnik der Akademie der Wissenschaften im Jahre 1955.

Ziel dieser Untersuchungen waren und sind eine möglichst vollständige Registrierung aller Schlackenfundplätze, die Auffindung von Rennofenwerkstätten sowie die Erforschung der Technik und der Technologie des damaligen Schmelzens, der Beschaffenheit der Erze und ihrer Lager und des Umfanges der Produktion von Eisen in der in Frage kommenden frühgeschichtlichen Periode.

Nach Beginn der Forschungsarbeiten wurden parallel zu den gemachten Entdeckungen und dem Materialzuwachs auch die Forschungsmethoden verbessert und vervollständigt. Neue Wissenschaftszweige wurden in den Forschungskomplex einbezogen. Mit Hilfe eines speziellen Fragebogens gelang es den Wissenschaftlern, über 1800 Schlackenplätze und zahlreiche Siedlungsstellen zu erfassen. Dies führte schließlich zur Einrichtung eines Archivs, in dem 120 Ortschaften des Gebietes registriert sind, auf deren Feldern Spuren frühgeschichtlichen Verhüttungswesens sichtbar werden.

Eine wichtige Grundlage für das Auffinden und Erforschen frühgeschichtlicher Verhüttungs- und Siedlungsplätze, der Kohle- und Erzlager bilden über 1500 Luftbildaufnahmen dieses Gebietes. Sie wurden in den Jahren 1960—1967 zu verschiedenen Jahres- und Tageszeiten aufgenommen. Die auf ihnen sicht-

Abb. 32: Vorkommen frühgeschichtlicher Eisenschlacke im Heilig-Kreuz-Gebirge (1); besonders dichte Konzentration von Schlacken (2)

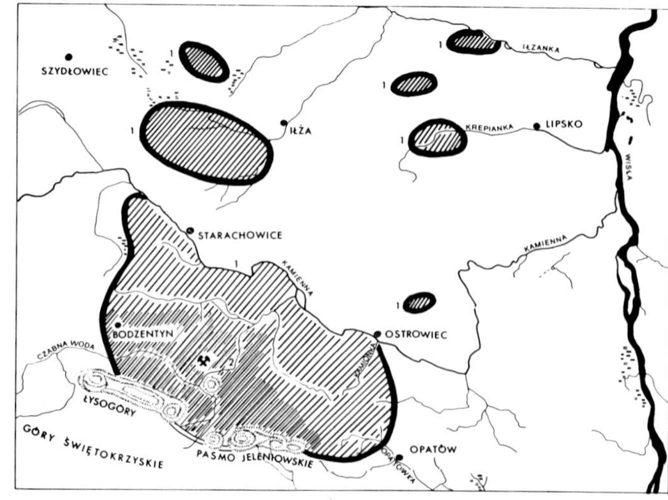

Abb. 33: Kotowice. Schlackenklotz in Form einer einfachen Ofengrube ohne zusätzliche Einrichtungen

Abb. 34: Heilig-Kreuz-Gebirge. Dunkle Spuren frühgeschichtlicher Siedlungen und Schlackenplätze im Lößboden

bare Verfärbung des Erdbodens, ungleichmäßige Bodenerhebungen, aber auch unterschiedliches Pflanzenwachstum geben Hinweise, archäologische Objekte schneller aufzufinden, zu untersuchen und auszuwerten (Abb. 34, 35).

Für die genaue Bestimmung von Verhüttungsplätzen und der Größe des von ihnen eingenommenen Gebietes waren geophysikalische Meßverfahren von großem Nutzen. Hierbei wurde die magnetische Eigenschaft der Schlacke genutzt, die zur Entstehung eines starken Anomalienfeldes aufgrund großer Mengen Eisen in den Schlackenklötzen führt (Abb. 36). Mit Hilfe der magnetischen Waage oder des Protonenmagnetometers konnten neben Schlackenklötzen auch Erzröststellen und Erzlager gefunden werden, die im Altertum von den Schmelzern angelegt worden waren. Wertvolle Dienste leisten hierbei auch Minensuchgeräte.

Erst wenn der bisher geschilderte Arbeitsablauf — Anlegen und Ausfüllen eines Fragebogens, persönliche Beobachtungen im Gelände, Anfertigen von Luftbildaufnahmen und das Anwenden geophysikalischer Meßmethoden — beendet ist, kann mit der eigentlichen Ausgrabung begonnen werden.

Soweit es die Geländeeigenschaften gestatteten, war man bemüht, vollständige Verhüttungsplätze auszugraben, denn nur ein in der schon geschilderten Wei-

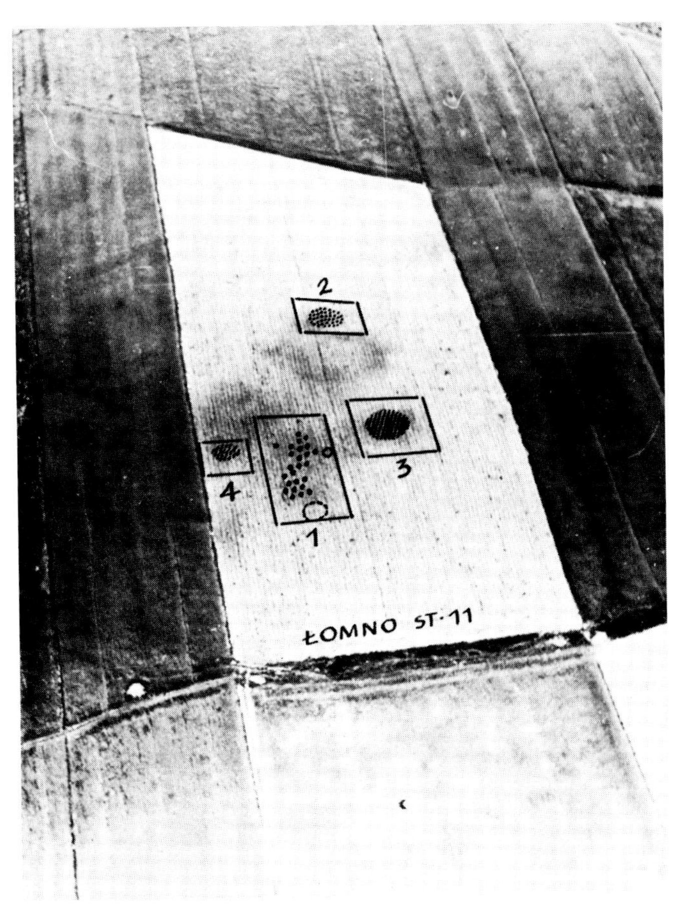

Abb. 35: Łomno-West. Fundstelle 11: Rennofenwerkstatt nach der Grabung; 1: Rennofenstelle, 2: Eisenerzröststelle, 3: Kohlenmeiler, 4: Erzlager

se untersuchter Ort erbringt vollständiges Quellenmaterial, wie es für eine richtige und umfassende Deutung des Befundes notwendig ist. Die während der Ausgrabung gemachten Funde wurden an die zuständigen Museen weitergeleitet. Proben von Schlacke, Metall, Erz und Keramik wurden in Laboratorien chemischen, petrographischen, Metall- und Spektralanalysen unterzogen. Die Ergebnisse der Laboruntersuchungen leisten wichtige Beiträge für die Klärung des Gesamtproblems. Deshalb wurden auch, um das bisherige Wissen abzurunden, rezente Schmelzversuche in enger Zusammenarbeit mit dem Archeologicky ustav ČSAV in Prag durchgeführt (Abb. 37). Bei diesen Versuchen veränderte man jeweils die Konstruktion des Ofens, die Arten des Erzes und der Holzkohle. Auch wurden verschiedene Blasebälge benutzt und die Meßtechnik verbessert. Die Experimente dienten nicht nur der Rekonstruktion von Schmelzvorgängen in frühgeschichtlicher Zeit. Sie beantworteten auch grundlegende Fragen, wie z. B. das Aussehen eines Schmelzofens, Gestalt und Größe des Schachtes oder welches Windzufuhrsystem angewandt wurde. Auch Fragen, die mit Technik und Technologie zusammenhängen, z. B. die Abmessung bzw. das Abwiegen der Charge, die Häufigkeit der Beschickung, das Mengenverhältnis von Erz und Kohle, der Verlauf des Reduk-

Abb. 36: Słupia Nowa. Fundstelle 4: Plan der magnetischen Anomalien des Schlackenplatzes. Eintragung der Schlackenklötze des Rennofenschmelzplatzes, wie sie bei der Grabung bekannt wurden

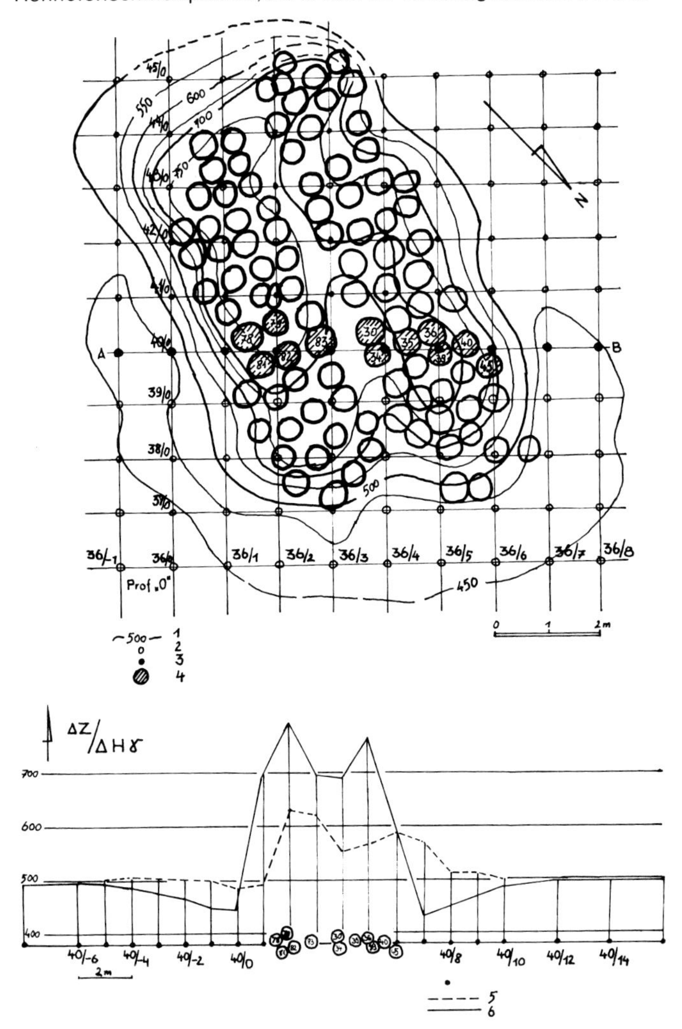

Abb. 37: Słupia Nowa. Schmelzversuche im rekonstruierten Rennofen

tionsprozesses, die Ausbeute an Eisen, Art und Struktur des geschmolzenen Metalls, die Dauer einer Schmelze konnten ebenso beantwortet werden wie solche, die mit menschlicher Arbeit im Bereich eines Verhüttungsplatzes verbunden waren.

Es wurde stets mit modernsten Dokumentations- und Meßverfahren sowie Analysen gearbeitet. Man registrierte die Intensität der Luftzufuhr und analysierte die Reduktionsgase. Die Temperatur wurde mit Thermoelementen gemessen, was eine Darstellung der Isothermenverteilung im Innern des Ofens ermöglichte.

Bei sämtlichen Schmelzvorgängen wurde gepochtes, d. h. zerkleinertes, Erz von 10—15 mm Korngröße verwendet. Pulverisiertes Erz erschwerte den Schmelzvorgang besonders beim Betrieb mit natürlichem Wind. Ebenso beeinflußte die Konzentration des Kohlenmonoxids, die sich nach der Größe der Holzkohlenstücke verändert, den Reduktionsprozeß. Bei den Schmelzversuchen bewährten sich Holzkohlenstücke von 25—30 mm Größe, obwohl in den Schlakkenklötzen auch größere Bruchstücke nachweisbar sind. Vorhandener Holzkohlenstaub hingegen beeinträchtigte den Verhüttungsprozeß. Jedes Ergebnis wurde sorgfältig protokolliert. Mit diesen Untersuchungen waren auch die Fragen nach dem Eisenerz und seiner Herkunft verbunden. Sie konnten teilweise durch die Entdeckung alter Erzgruben und einer frühgeschichtlichen Bergwerkssiedlung im Gebiet des Bergwerkes Staszic in Rudki in den Jahren 1957—1959 geklärt werden.

Von 1955 bis 1976 fanden an 130 Fundstellen unter der Leitung der Verfasser dieses Beitrages Ausgrabungen statt. Darunter befanden sich 103 Schlackenfundstellen, 26 Siedlungsstellen und ein frühgeschichtliches Bergwerk. Die oben beschriebenen Oberflächenuntersuchungen führten bisher zur Registrierung von 2750 Schlackenfundstellen. Die eigentliche Zahl der Schlackenplätze in diesem Gebiet wird auf mehr als 4000 geschätzt.

Rennöfen und Rennverfahren im Heilig-Kreuz-Gebirge

Auf den Rennofenplätzen im Heilig-Kreuz-Gebirge findet man heute nur noch die ehedem in den Erdboden eingegrabenen Unterteile der früheren Öfen, Herdgruben oder Herdofengruben genannt. Während des Schmelzprozesses füllte sich die Herdofengrube mit Eisenschlacke, die dort in Gestalt eines Klotzes abkühlte.

Die Eisenschlacke als Nebenprodukt des Verhüttungsprozesses ermöglichte es, die Renntechnik, die Schmelztechnologie sowie die Konstruktion des Ofens kennenzulernen. Innerhalb der Schlacken lassen sich entsprechend ihrer Struktur die teigig dichten, porösen Schlacken mit Abdrücken von Holzkohle von den flüssigen Schlacken mit zapfenartiger Struktur, den sog. Laufschlacken, unterscheiden.

Form und Größe der Herdgruben sind durch die archäologischen Befunde gesichert (Abb. 38), was fehlt, ist die ursprüngliche Höhe des Ofenschachtes. Zwar bewiesen kleinere Wandfragmente in den Schlackenschichten die Existenz eines Oberbaues, sie erlaubten aber keine vollständige Wiederherstellung des Schachtes. Der Schacht bildet den oberen Teil des Ofens (Abb. 39). Hier fand die Reduktion des Erzes statt, deren Endprodukt das sog. Schwammeisen ist. Die Schächte der Rennöfen im Heilig-Kreuz-Gebirge waren aus flachen Ziegeln gebaut, die aus Lehm mit Beimischung von Häcksel geformt wurden. Nach den Versuchen zu urteilen, scheint die Höhe des Schach-

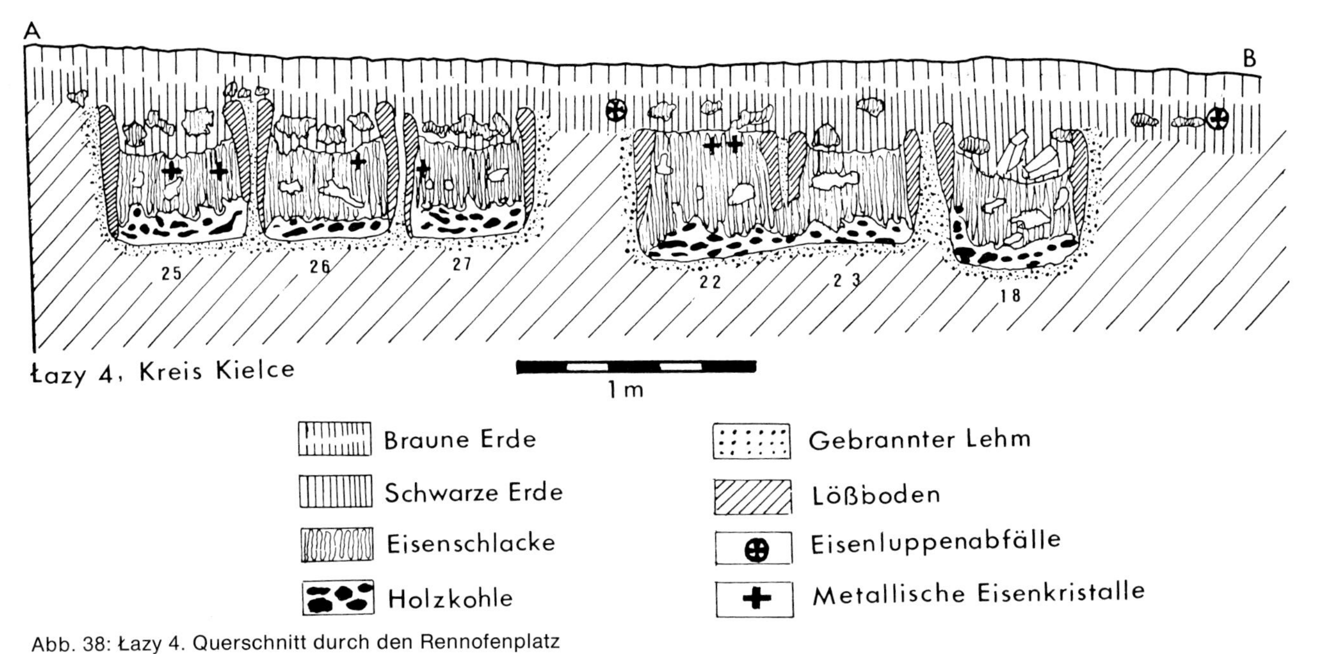

Abb. 38: Łazy 4. Querschnitt durch den Rennofenplatz

Abb. 39: Rekonstruktion von Rennöfen aus dem Heilig-Kreuz-Gebirge; A: Rennofen Typ Kunów (1); B, B 1, C Typ Kotlinka świętokrzyska

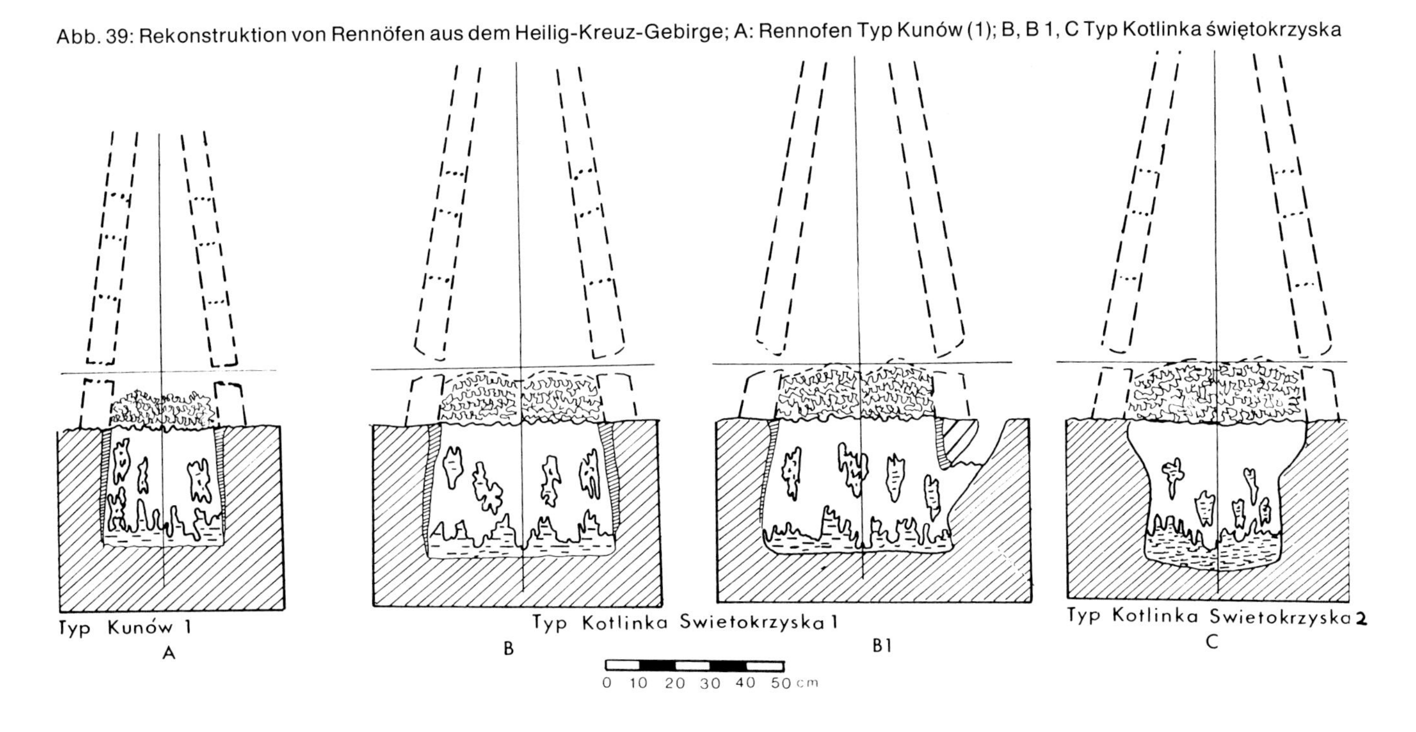

Loessboden Eisenschlackenklotz eisenschwammige Luppe Holzkohle

Abb. 40: Słupia Nowa. Anschliff einer Eisenluppe aus einem Schmelzversuch (helle Stellen: metallisches Fe)

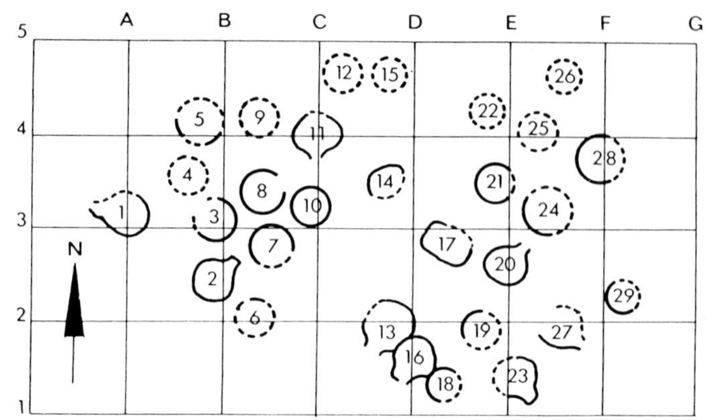

Abb. 41: Kunów, Kr. Opatów, Fundstelle 2: Ungeordnete Rennofenanlage

Abb. 42 (links unten): Łomno, Kr. Kielce, Fundstelle 11: Geordnete Rennofenanlage vom Typ 1 x 3

Abb. 43: Łomno, Kr. Kielce, Fundstelle 18: Geordnete Rennofenanlage vom Typ 1 x 4

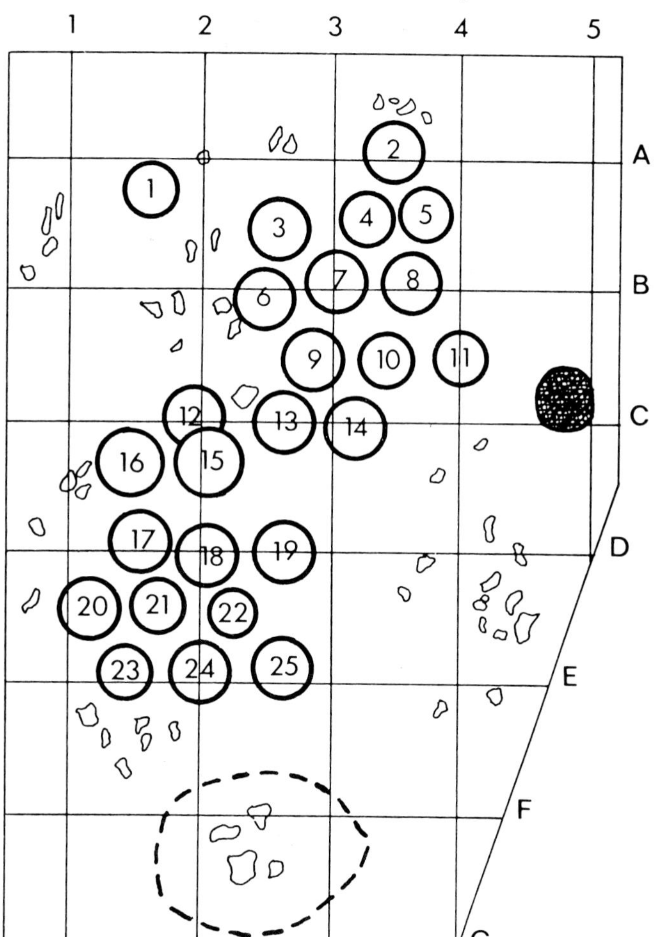

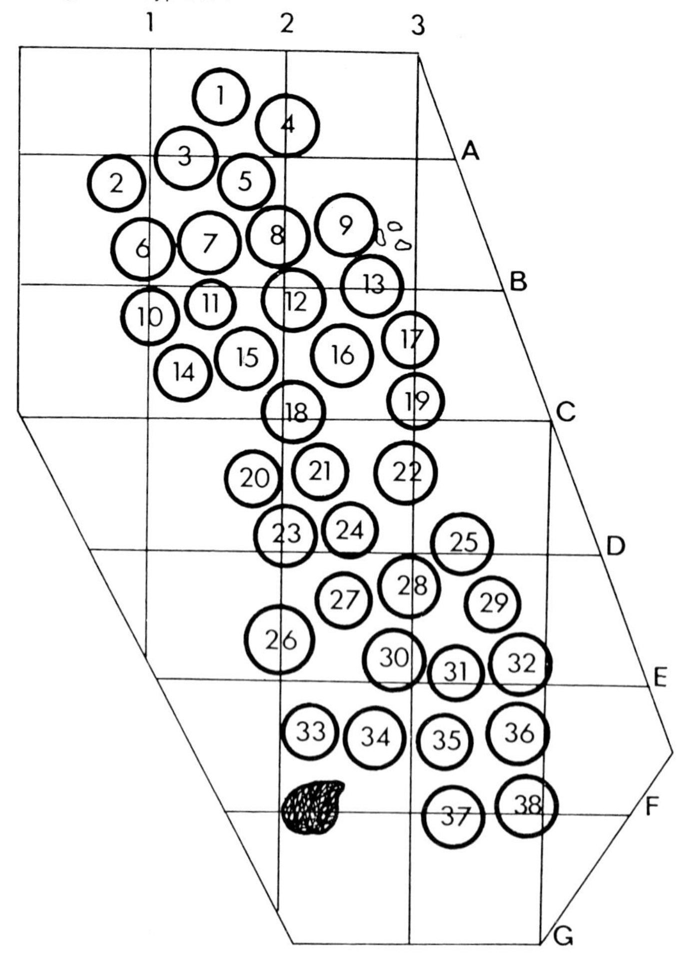

tes 100 cm nicht überschritten zu haben. Im unteren Schachtteil befanden sich Öffnungen für die Luftzufuhr. Da keine Düsenziegel bei den Grabungen zutage kamen, nimmt man an, daß die Öfen mit natürlichem Windzug betrieben wurden. Diese Annahme wird unter anderem dadurch gestützt, daß alle Hüttenplätze auf flach ansteigenden Höhen liegen. In einigen der erhalten gebliebenen Schachtwandfragmente zeigten sich Spuren fingerdicker Windöffnungen. Wie experi-

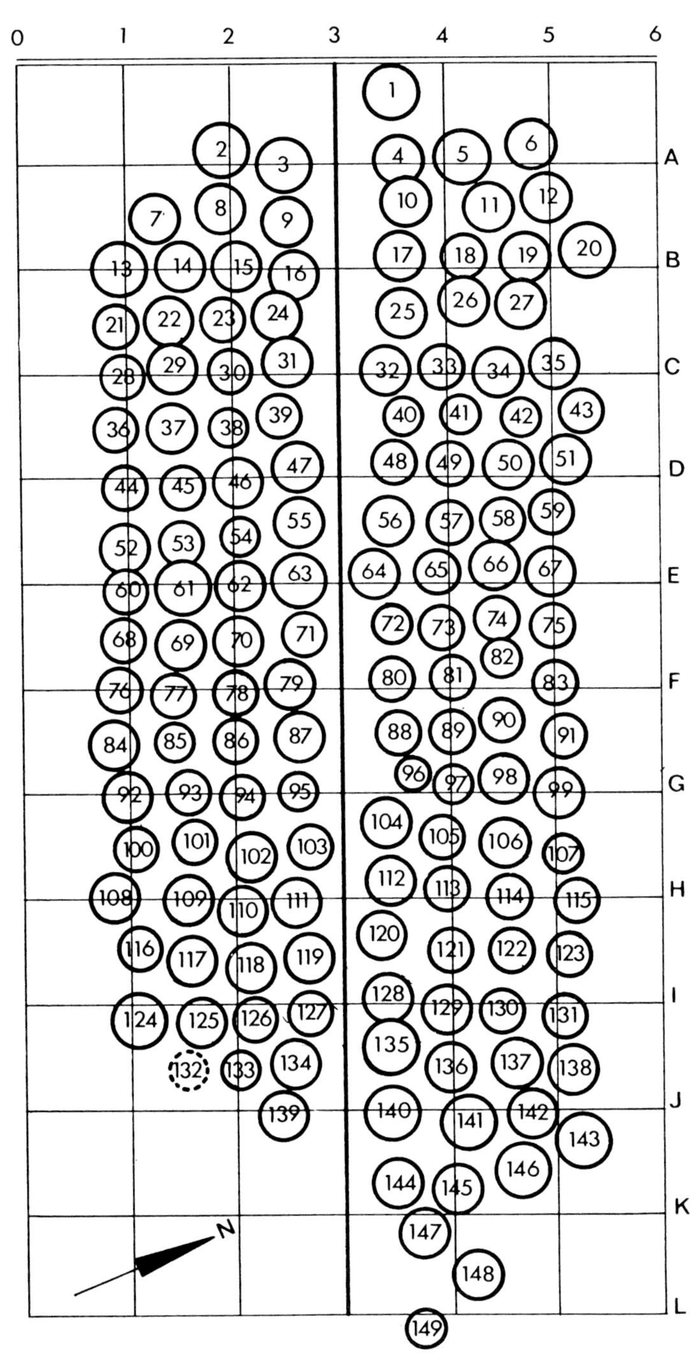

Abb. 44: Słupia Stara, Kr. Opatów, Fundstelle 3: Geordnete Rennofenanlage vom Typ 2 x 4

Abb. 45: Nieczulice, Fundstelle 1: Geordnete Rennofenanlage vom Typ 2 x 5

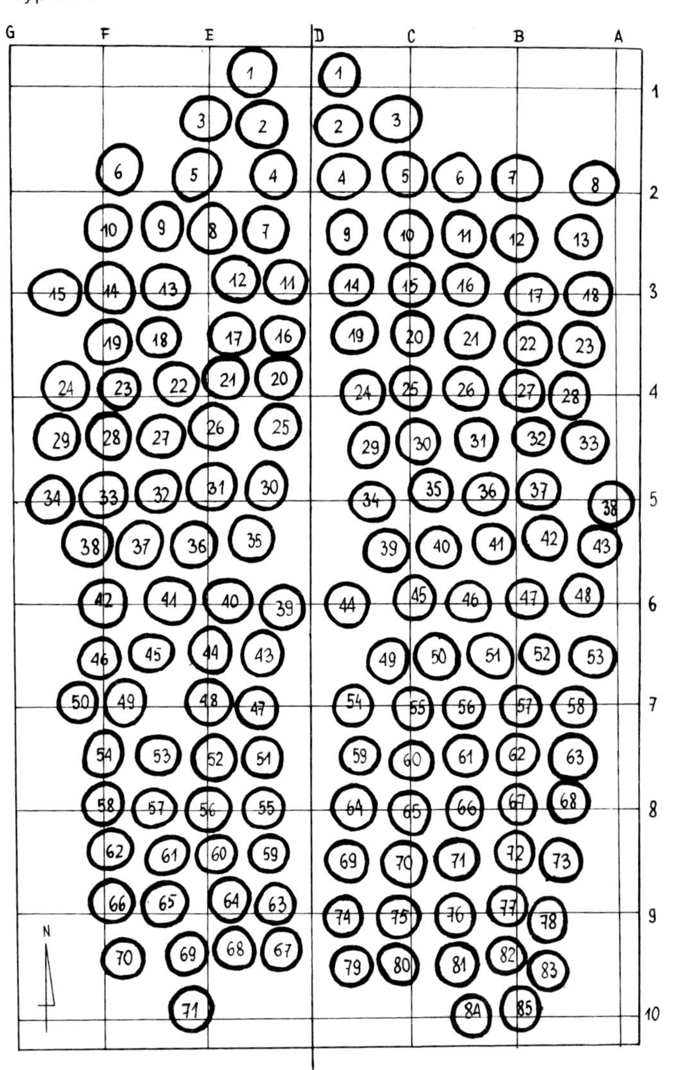

Abb. 46: Słupia Stara, Kr. Opatów, Fundstelle 3: Rennofenanlage vom Typ 2 x 4. Links freigelegte Schlackenklötze, rechts ausgehobene Schlackengruben

mentelle Beobachtungen erwiesen, wurde im Laufe der Zeit ein bestimmtes Optimum an Bedingungen erzielt, das von zahlreichen Faktoren wie Ofenbauart, Ofenformat, Anzahl der Öffnungen, Standort abhängig war. Die größte Schwierigkeit bei der Erreichung solch optimaler Zustände bestand in der Regulierung der Luftzufuhr. Der Reduktionsprozeß wurde durch ein Gebläse stark beschleunigt. Ein zu scharfes Gebläse bewirkte in kleineren Ofenräumen manchmal eine unerwünschte Abkühlung. Eine zu hohe Temperatur dagegen führte zur Reoxydation des gewonnenen Eisens.

Auch jetzt, nach vieljähriger Arbeit, wissen wir noch nicht, ob die Anlagen im Heilig-Kreuz-Gebirge Wind- oder Gebläseöfen waren. Im Verlauf der experimentellen Untersuchungen zeigte sich, daß Öfen mit 50—60 cm hohem Schacht ausschließlich als Gebläseöfen arbeiteten; ein 100—120 cm hoher Schacht allerdings ermöglichte bei gleichem Ofendurchmesser einen guten natürlichen Windzug. Die Archäologie bleibt uns hierauf die Antwort schuldig. Wie bereits gesagt, konnte die ursprüngliche Höhe der Schächte ebensowenig festgestellt werden wie die Anzahl der Gebläseöffnungen.

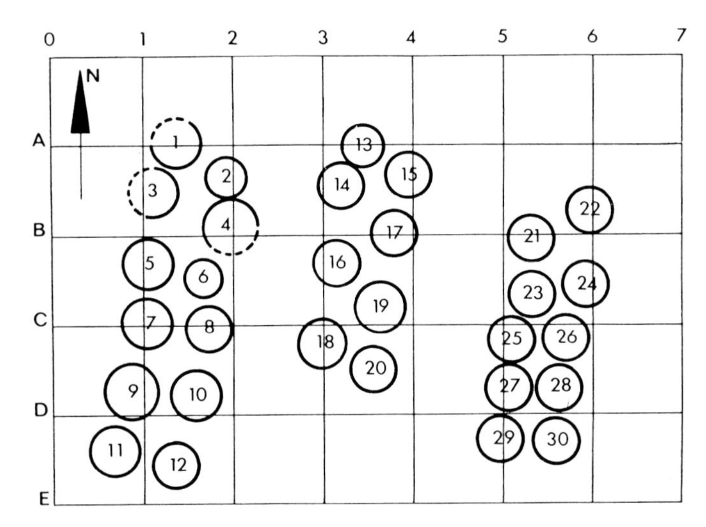

Abb. 47: Jawor Solecki, Kr. Lipsko, Fundstelle 1: Geordnete Rennofenanlage vom Typ 3 x 2

Abb. 48: Słupia Stara, Kr. Opatów, Fundstelle 2: Überschneidung von Rennofengruben

Die Vorgänge während des Reduktionsprozesses in einem Rennofen dieses Typs ließen sich sowohl archäologisch als auch durch experimentelles Schmelzen klären. Ein Ergebnis war, daß sich die Reduktionszone und die Ansammlung von Teilchen reduzierten Metalls in Höhe der Luftzufuhröffnungen, d. h. oberhalb der eingetieften Herdgrube und im unteren Teil des Ofenschachtes, befanden. Die Metallteilchen verbanden sich also bereits in der Reduktionszone miteinander, wo sie nach und nach einen porösen Klumpen bildeten, der an der Holzkohle im Herdgrubenbereich haftete. Die Eisenschlacke wurde während dieses Prozesses ausreichend flüssig und floß langsam zwischen die Fugen der Holzkohle. Die Temperatur des Rennfeuers reichte jedoch nicht aus, um das Eisen zu verflüssigen. Das Verfahren der Eisengewinnung im behandelten Ofentyp kann nur das sog. Rennverfahren gewesen sein, bei dem direkt aus Eisenerz durch Reduktion mit Holzkohle schmiedbares Eisen in teigigem Zustand gewonnen wird.

Nach abgeschlossenem Schmelzvorgang wurden der Schacht zerstört und die vielleicht noch glühende Eisenluppe abgeschlagen. Der Schlackenklotz blieb in der Mulde. Das vorsichtige Lösen des verschlackten Eisenschwammes aus dem Ofen und das Schmieden des Rohproduktes verlangten vom Schmelzer große Erfahrung.

Es steht fest, daß sämtliche Öfen in diesem Produktionszentrum nur einmal verwendet wurden. Der Arbeitsrhythmus erlaubte keine Instandsetzung des Ofens. Statt dessen wurde ein neuer Ofen nach dem üblichen Muster gebaut. So entstanden jene ausgedehnten Ofenfelder, auf denen wir dem charakteristischen Rennofen des eingetieften Typs begegnen.

Im Gebiet des Heilig-Kreuz-Gebirges unterscheiden wir mehrere Varianten dieses Ofentyps. Der kleinste dieser Öfen, der sog. Typ Kunów 1, besitzt einen Durchmesser von ca. 30 cm (Abb. 39 A). Der Ofen Kotlinka Świętokrzyska 1, ein für dieses Gebiet typischer Ofen, zeigt eine zylindrisch oder trapezförmig gestaltete Herdgrube und hat einen Durchmesser von ca. 45 cm (Abb. 39 B). Manchmal war die Herdgrube mittels eines Kanals mit der Erdoberfläche verbunden. Dieser Kanal diente weder zum Abfluß der Schlacke, noch ist er als normaler Luftzufuhrkanal zu betrachten (Abb. 39 B 1). Bei dem Ofen Kotlinka Świętokrzyska 2 ist der Schlackenklotz unregelmäßig geformt, weil die eingetiefte Herdgrube keine besondere Auskleidung aufwies (Abb. 39 C). Der Ofen Kotlinka Świętokrzyska 3 weist mit einem Durchmesser von über 50 cm die größten Ausmaße auf. Ein Schlakkenklotz aus Kowalkowice bei Opatów deutet auf eine weitere Variante des Ofentyps im Heilig-Kreuz-Gebirge hin.

Metallographische Untersuchungen der Eisenluppe erwiesen, daß es sich um ein Konglomerat aus Kohle, Schlacke und Metall handelt (Abb. 40). Um ein Eisenstück von Handelsqualität zu erhalten, war deshalb eine weitere Bearbeitung der geschmolzenen Luppe erforderlich. Erst das mehrmalige Ausglühen und Umschmieden formten die schwammige Gestalt des Metalls zu einem massiven Stück um, gleichzeitig wurde die restliche Schlacke ausgequetscht.

Im Rahmen der Schmelzversuche wurde auch das Schmieden der Schwammeisenteile ausprobiert. In einer mit einem handbetätigten Blasebalg versehenen Esse erhitzte man das Schwammeisen. Einem erfahrenen Schmied gelang es, die Teile zunächst zu einem Stab, anschließend zu einem Messer zu schmieden, das nachträglich aufgekohlt und gehärtet wurde. Diesen Versuchen folgten metallographische Untersuchungen des Halbfertig- und des Endproduktes. Das Eisen in der Luppe wies ein ferritisches Gefüge mit unbedeutender primärer Aufkohlung auf. Die nichtmetallischen Einschlüsse waren unterschiedlich und bestanden sowohl aus strukturloser Glasmasse als auch aus ausgeschiedenen kristallinen Phasen. Während der Verarbeitung der Luppe veränderte sich das Gefüge der Einschlüsse.

In dem Messer konnten Ferritkörner unterschiedlicher Größe (1—7 nach ASTM) festgestellt werden, wobei die kleineren Körner am häufigsten im Bereich der Schneide auftraten. Nach der Aufkohlung trat in der Schneide des gehärteten Messers ein Martensitgefüge auf, das zusammen mit Spuren von Restaustenit in ein martensit-trostitisches und schließlich perlitisch-ferritisches Gefüge überging. Im Messerrücken war nur Ferrit feststellbar. Das auf experimentellem Wege hergestellte Produkt erwies sich als durchaus gebrauchsfähig.

Auf den Rennofenplätzen des Heilig-Kreuz-Gebirges wurden oft kleine Fragmente von schwammartigen, stark durch Schlacke verunreinigten Eisenluppenabfällen gefunden, Gąphie genannt. Dies beweist, daß die Eisenluppe an Ort und Stelle bearbeitet und geschmiedet wurde. Aus den Siedlungsschichten stammen auch einige Fertigprodukte. Seit Jahren bemühen sich die Metallurgen, im Anschluß an die Fertigungstechnologie der frühgeschichtlichen Eisenerzeugnisse eine Aussage über deren Herkunft und Datierung zu treffen. Dieses Problem kann aber nur durch weitere überregionale Forschungen gelöst werden.

Auf den erforschten Schlackenplätzen dieses Gebietes wurden bislang 103 Rennofenanlagen entdeckt. Davon wurden 68 Schlackenplätze vollständig untersucht, 35 dagegen nur teilweise. Die untersuchten Rennofenanlagen kann man in 28 sog. ungeordnete (Abb. 41) und in 62 sog. geordnete aufteilen. In letzterem Falle ist bei der Herdgrubenanordnung eine gewisse Regelmäßigkeit zu beobachten, die auf eine zielbewußte Anlage von reihenförmig gebauten Öfen hindeutet. Dagegen scheint bei ungeordneten Anlagen die Anordnung der Herdgruben völlig zufällig zu sein. An 3 Fundstellen war die Anordnung der Herdgruben nicht feststellbar. An 10 Schlackenfundstellen konnten Herdgruben in situ gefunden werden. Insgesamt wurden innerhalb der erforschten Rennofenanlagen Überreste von 5256 Rennöfen des Herdgrubentyps entdeckt.

Innerhalb der Gruppe der geordneten Rennofenanlagen lassen sich 6 Typen unterscheiden. Der Typ der jeweiligen Rennofenanlage wird durch die charakteristische Anordnung der Herdgruben bestimmt. Es liegen einzügige Anordnungen vor mit 3 (Abb. 42) und 4 (Abb. 43) nebeneinanderliegenden Herdgruben, zweizügige Anordnungen mit jeweils 3, 4 (Abb. 44, 46) oder 5 (Abb. 45) Herdgruben. In einem Falle besteht eine dreizügige Anordnung aus jeweils 2 nebeneinanderliegenden Herdofengruben (Abb. 47).

Bei Betrachung des Planes hinsichtlich der Anordnung von Herdgruben innerhalb geordneter Rennofenanlagen kann man feststellen, daß der Schmelzprozeß sowohl in Einzelöfen stattfand als auch in Batterien, die aus 2, 3, 4 oder 5 nebeneinander aufgestellten Öfen bestanden. Innerhalb der einzelnen Ofengruppen sind gewisse charakteristische Zahlen von Öfen feststellbar. Die größte Zahl von Rennöfen wurde im Rahmen der zweizügigen Ofengruppe mit 3 und 4 sowie zweimal 4 nebeneinanderliegenden Öfen angetroffen. Die durchschnittliche Anzahl von Rennöfen innerhalb dieser Ofengruppen liegt in Świętomarz vor. Hier wurden 231 eingetiefte Öfen freigelegt. Da jeder Ofen nur einmal benutzt wurde und nach jeder Schmelze die mit Schlacke angefüllte Grube unter dem Ofen zurückblieb, können wir heute auf jedem Rennofenplatz die Anzahl der durchgeführten Rennprozesse genau feststellen.

Das dichte Nebeneinander von Ofenresten, insbesondere aber die Tatsache, daß sich einzelne Öfen in Quer- und Längsrichtung manchmal überschneiden (Abb. 48), beweist, daß sie nach und nach angelegt wurden. Die Funktion der zwei vor den Öfen befindlichen Gänge wird deutlich, wenn man annimmt, daß in dem einen Gang geschmolzen wurde, während im anderen bereits Vorbereitungen für den nächsten Schmelzprozeß stattfanden.

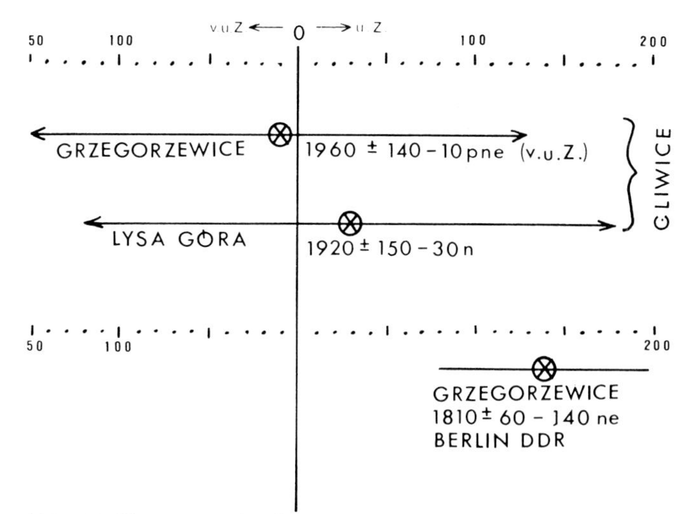

Abb. 49: Diagramm der C_{14}-Analysen aus den Rennofenanlagen Łysa Góra und Grzegorzewice

Neue Materialien zur Chronologie der Rennofenplätze im Heilig-Kreuz-Gebirge

Im Jahre 1972 ergab sich erstmals die Möglichkeit, die Chronologie des frühgeschichtlichen Hüttenwesens im Heilig-Kreuz-Gebirge mit Hilfe der Radiokarbonmethode zu verifizieren. Das bis dahin bestehende chronologische Gerüst stützte sich ausschließlich auf Keramikfunde aus den frühgeschichtlichen Siedlungen und aus den Kulturschichten der Schlackenplätze. Es sei jedoch betont, daß die meisten Schlackenplätze kaum datierbare Artefakte erbrachten. Angesichts dieser Situation entstand ein reges Interesse an einer genaueren chronologischen Fixierung der Rennofenplätze; ging es doch in erster Linie um die zeitliche Differenzierung zweier Arten von Ofenplätzen: den kleinen ungeordneten Ofenplätzen einerseits und den großen geordneten Ofenplätzen andererseits.

Soweit es die ungeordneten Rennofenplätze betraf, war es wegen ihres Auftretens in Siedlungen wie Gardzienice, Kowalkowice und Kunów bereits klar, daß sie mit dem Siedlungswesen der Spätlatènezeit in Verbindung standen. Darüber hinaus führte die Entdeckung solcher Rennofenplätze auf der Lichtung Bielnik, an den Abhängen der Łysa Góra, wie auch in Łazy (Fundstelle 3), wo Spuren einer frühmittelalterlichen Schicht festgestellt wurden, dazu, daß man die Möglichkeit einer Tradierung bis ins Mittelalter in Betracht zog.

Demgegenüber hatte man stets eine Benutzung der großen geordneten Rennofenplätze wegen der Materialien aus den spätrömischen Siedlungen Słupia Stara 6 und Podchełmie 1 allgemein vom Ende der mittleren und während der späten römischen Kaiserzeit, d. h. während des 3. und 4. Jahrhunderts u. Z., angenommen. Diese Auffassung wurde jedoch in der Folge überdacht und schließlich angezweifelt, vor allem deswegen, weil sich solche Rennofenplätze außerhalb der Siedlungen befanden und somit kaum datierbares Material aufwiesen.

Durch die überaus große und noch weiter anwachsende Zahl der Fundplätze ergab sich die Notwendigkeit eines genaueren chronologischen Rahmens. Ziel war eine präzise Aussage darüber, wann diese Art der Produktion begann und wie lange sie andauerte. Hierzu gehört auch die Beantwortung der Frage nach eventuellen Verbindungen zwischen den großen geordneten und den kleinen ungeordneten Rennofenplätzen. Von Bedeutung ist dabei, ob sich diese beiden im Grunde genommen verschiedenartigen Pro-

Abb. 50: Słupia Stara, Kr. Opatów, Fundstelle 3: Frühgeschichtliche Meilergruben

duktionsarten gleichzeitig entwickelten oder zu verschiedenen Zeiten, bzw. ob sie sich zeitlich überlappten, und wenn ja, in welchem Umfang und wann.

Gesicherte chronologische Erkenntnisse würden uns eine verbindliche Antwort auf die Frage geben, wer die Eisenindustrie im Heilig-Kreuz-Gebirge organisierte und für wen diese arbeitete. Die enormen Mengen eines so wertvollen Rohstoffes, wie es das Eisen aus den Rennofenplätzen des Świętokrzyskie-Gebietes war, müssen zu jener Zeit eine wichtige ökonomische Rolle gespielt haben.

Um nähere Angaben über die kleinen ungeordneten Ofenplätze zu erhalten, wurde Kohlematerial aus der Herdofengrube 9 vom Ofenplatz Łysa Góra 9 für Labortests ausgewählt. Auf diesem Ofenplatz, der im Jahre 1968 untersucht wurde, entdeckte man Überreste von 11 Ofenherdgruben.

Um nähere Angaben über die Chronologie großer geordneter Ofenplätze zu erhalten, wurden Holzkohleproben aus den Ofenherdgruben Nr. 16 und Nr. 40 der im Jahre 1973 untersuchten Fundstelle in Grzegorzewice verwendet.

Die bis jetzt vorliegenden C_{14}-Analysen gaben annähernd die Benutzungsdauer der Rennofenplätze im Heilig-Kreuz-Gebirge wieder (Abb. 49). Von grundlegender Bedeutung ist das Ergebnis für einen kleinen Ofenplatz am Abhang der Łysa Góra, denn hierdurch ließ sich die Datierung von Produktionswerkstätten dieser Art definitiv auf die Zeitwende festlegen. Wie aus dem Diagramm hervorgeht, kann ihre Benutzungsdauer für den Zeitraum zwischen 150 v. u. Z. und 190 u. Z., d. h. während der Spätlatènezeit und der frühen römischen Kaiserzeit, angenommen werden.

In den gleichen zeitlichen Rahmen fügt sich auch die Benutzung des großen geordneten Ofenplatzes in Grzegorzewice (180 v. u. Z. bis 150 u. Z.) ein. Offensichtlich fand auch in diesem Fall eine Benutzung nicht über das 2. Jahrhundert u. Z. hinaus statt. Die Testergebnisse aus den Labors in Gliwice und Berlin greifen in diesem Punkt ineinander über. Eine größere Zahl von Laboranalysen wird zweifellos die Verbindungen zwischen den Werkstätten und den Siedlungen aus der Latène- und römischen Kaiserzeit im Świętokrzyskie-Gebiet klären. Unabhängig davon werden weitere Analysen auch darüber Aufschluß bringen, ob diese Art der Metallproduktion am Ende des 2. Jahrhunderts u. Z. ihren Abschluß gefunden hat oder ob sie auch in späteren Jahrhunderten fortdauerte.

Analyse der Produktionsverhältnisse und der Arbeitsorganisation

Jede Rennofenanlage im Heilig-Kreuz-Gebirge repräsentiert eine frühgeschichtliche Eisenhütte. Die konsequente Gliederung der Anlagen scheint eine gewisse innere Organisation widerzuspiegeln, vielleicht im Rahmen einer Sippe oder eines Clans. Wie die Experimente zeigten, müssen die am Verhüttungsprozeß beteiligten Arbeiter Spezialisten gewesen sein.

Die Belegschaften der Rennofenplätze verrichteten offenbar sämtliche mit der Eisenherstellung verbundenen Arbeiten selbst. Sie brannten die Holzkohle und schmiedeten die Eisenluppen aus. So wurden neben den Schmelzplätzen ausgekleidete Feuerstellen mit starken Brandspuren gefunden, die für Ausheizherde oder Schmiedeessen gehalten werden können. Leider sind diese Objekte stets völlig zerstört, so daß man über ihre Konstruktion nichts Genaues sagen kann.

Anhand der uns durch die Rennofenanlagen zugängigen Materialien läßt sich der seinerzeitige Produktionsstand dreier wichtiger Produktionszweige erforschen. Es handelt sich um die Eisenverhüttung, den Erzbergbau und die Holzkohleherstellung. Letztere geschah in Gruben (Abb. 50).

Als Ausgangspunkt für die Analyse der Produktionsverhältnisse und der Arbeitsorganisation einer Rennofenanlage können sowohl die in der Herdgrube eines Ofens befindlichen Eisenschlacken wie auch die aus den Versuchsschmelzen hervorgegangenen Materialien dienen. Sie ermöglichen folgende Kapazitätsberechnung: Das durchschnittliche Gewicht eines aus einem typischen Ofen des Heilig-Kreuz-Gebirges stammenden Schlackenklotzes liegt bei ca. 100 kg. Durchgeführte Versuchsschmelzen ermöglichten die Feststellung, daß zur Erzielung von ca. 100 kg Schlakke das Gewicht des geschmolzenen Erzes (Hämatit aus Rudki) bei natürlicher Feuchtigkeit fast 200 kg beträgt. Die dabei abfallende rohe Eisenluppe wog ca. 34 kg. Nach mehrmaligem Umschmieden und Erhitzen würde die dann handelsreife Eisenluppe noch ca. 15—20 kg wiegen. Auf diesem Wege kann ganz allgemein die Produktion der einzelnen Rennofenplätze errechnet werden.

Zum Einschmelzen von 1 kg Erz wurde durchschnittlich etwas mehr als 1 kg Holzkohle verbraucht. Bei den Versuchsschmelzen wurden durchschnittlich 6—9 kg Erz pro Stunde geschmolzen. Daraus läßt sich schließen, daß das Schmelzen von 200 kg Erz über 20 Stunden dauerte. Wenn man schließlich noch die lokalen klimatischen Verhältnisse berücksichtigt, scheint es, daß die Betriebszeit einer kleinen oder auch mittleren Rennofenanlage mit der Dauer einer Saison identisch ist. Die großen Rennofenanlagen waren wohl über einige Perioden in Betrieb.

Auf der Grundlage solcher Schätzungen ergibt eine Analyse der Leistungsfähigkeit von Rennofenwerkstätten gewisse, sich in ihrem Produktionsvermögen deutlich voneinander unterscheidende Gruppen.

Im Bereich der ungeordneten Rennofenanlagen finden wir sehr kleine Rennöfen mit einer Kapazität von je $\pm$ 10 kg Eisen, sodann Öfen mittlerer Größe, die z. T. etwas über 20 kg Eisen produzierten. Die geordneten einzügigen Rennofenanlagen dagegen produzierten insgesamt etwa 200 kg Eisen und mehr. Die Einrichtung von Schmelzen in Gestalt zweier geordneter Züge ergibt demgegenüber eine gewaltige Produktionserweiterung insofern, als ein Ertragsmittel von 1,5 t Eisen pro Anlage zur Regel wurde. In den sog. geordneten Rennofenanlagen wurde also eine derart große Metallmenge erzeugt, daß der eigene Bedarf um ein Vielfaches übertroffen wurde. Es ist daher die Annahme einer auf Absatz ausgerichteten Eisenproduktion durchaus gerechtfertigt.

Wenn wir die Zahl der insgesamt vorhandenen Rennofenanlagen auf ca. 4000 schätzen und zudem die statistischen Ergebnisse von 103 Schlackenplätzen einbeziehen, die einerseits eine durchschnittliche Anzahl von 95 Öfen in geordneten bzw. in ungeordneten Anlagen indizieren, zum anderen ein Verhältnis von 7 geordneten Anlagen zu 3 ungeordneten Anlagen als wahrscheinlich gilt, dann gelangen wir zu glaubhaften Durchschnittswerten hinsichtlich der Produktion einer Rennofenwerkstatt.

Wie nachgewiesen werden konnte, umfaßte die Verarbeitungskapazität einer ungeordneten Rennofenwerkstatt des Świętokrzyskie-Gebietes mit durchschnittlich 18 Öfen 3,8 t Erz und ca. 4 t Holzkohle. Der Eisenertrag betrug dabei ca. 360 kg. Eine geordnete Rennofenwerkstatt hingegen verbrauchte für durchschnittlich 95 Öfen ca. 19 t Erz und über 20 t Holzkohle für eine Produktion von nahezu 2 t Eisen. Der Umfang dieser Produktion läßt sich annähernd verdeutlichen, wenn man sie gewichtsmäßig auf die damaligen Gebrauchsgegenstände aus Eisen umrechnet. Unter der Annahme, daß zur Herstellung einer Speerspitze ca. 0,25 kg Eisen, für ein Schwert ca. 1,82 kg, eine größere Pflugschar bis zu 1,5 kg Eisen benötigt wurden, läßt sich leicht errechnen, daß die Produktion einer ungeordneten Rennofenwerkstatt ca. 250 Pflugscharen entsprach, eine geordnete hingegen die Herstellung von ca. 8000 Speerspitzen oder 1000 Schwertern ermöglichte. Zum Vergleich läßt sich anführen, daß zur

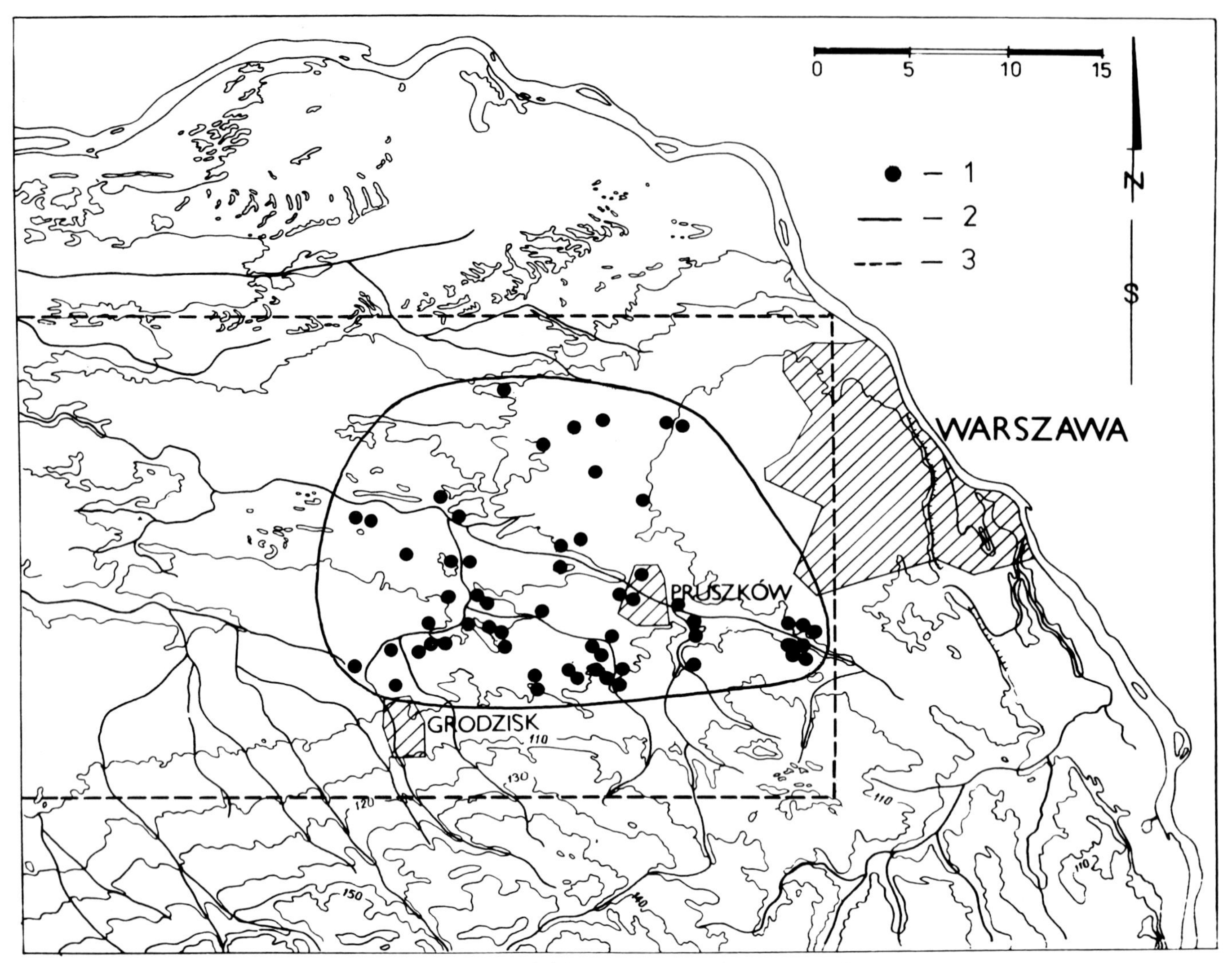

Abb. 51: Das Masowische Zentrum. 1: Die wichtigsten Produktionsstätten, 2: Grenzen des Gebietes mit Spuren der Eisenproduktion, 3: Grenzen eingehender Oberflächenuntersuchungen

Ausrüstung einer römischen Legion (ca. 5600 Mann) mit Schwertern die Gesamtproduktion von 3—4 geordneten Rennofenanlagen dieses Gebiets ausgereicht hätte.

Wenn wir jetzt die Zahl der durch Inventarisierung erfaßten 4000 Schlackenplätze im Verhältnis 7:3 aufschlüsseln, so ergibt sich eine ursprüngliche Anzahl von 1200 ungeordneten gegenüber 2700 geordneten Werkstätten. Die Gesamtproduktion dieses Gebietes hätte dann im Altertum zwischen 3800 und 5400 t absatzfähigen Eisens betragen. Der Gesamtbedarf an Erz betrug über 54 000 t, an Holzkohle über 60 000 t. All dies hätte während der Spätlatènezeit und der römischen Kaiserzeit stattgefunden, insgesamt also während eines Zeitraumes von ca. 500 Jahren.

Dabei ist jedoch zu beachten, daß stets zwei Arten von Rennofenanlagen betrieben wurden, was nicht ohne Bedeutung für die Annahme zweier verschiedener Produktionsweisen ist.

Die ungeordneten Rennofenanlagen deuten auf eine „Hausproduktion", die dem Eisenbedarf des lokalen Schmiedes oder auch seiner Siedlung bzw. seines Stammes entspricht. Von völlig anderer Art ist die geordnete Produktion, in deren Rahmen eine umfangreiche Gruppe von Spezialisten beschäftigt war, was darauf hinweist, daß die Produktion nicht für den Bedarf der lokalen Einwohner, sondern für andere Zwekke bestimmt war. Eine solche Produktion wäre ohne die entsprechende Rohstoffbasis nicht denkbar. Der Organisator bzw. die Organisatoren waren gezwungen, ein eigenes Erzbergwerk zu unterhalten und die Erzgewinnung zur Bedienung der im Umkreis von mehreren Kilometern zerstreuten Rennofenwerkstätten zu organisieren. Neben dem Erz war auch Brennstoff für den Rennprozeß erforderlich, daher die Notwendigkeit der Organisation und der raschen Entwicklung dieses Produktionszweiges.

Frühgeschichtliches Eisenverhüttungszentrum in Masowien

Als Ergebnis komplizierter langwieriger Untersuchungen wurde die archäologische Karte Polens neben dem Heilig-Kreuz-Gebirge um ein zweites großes Eisenproduktionszentrum bereichert. Es besteht aus einer geschlossenen Gruppe von mehr als 70 Fundstellen in West-Masowien, in der Umgebung von Pruszków, Milanówek und Błonie (Abb. 51).

Dies wurde 1967 klar, nachdem man mit systematischen Oberflächenuntersuchungen im Gebiet westlich von Warschau, zwischen Weichsel und dem unteren Bzura-Fluß, begonnen hatte. Das für diese archäologische Landesaufnahme vorgesehene Gebiet betrug 1600 qkm und erfaßte die ganze „Ebene von Błonie" sowie Teile der Nachbarschaft. Vor Beginn der Untersuchungen über die uns interessierende vorrömische Zeit und die römische Kaiserzeit kannte man etwa 20 Fundstellen. Dies hatte zur Folge, daß man in den Arbeiten über die Besiedlung von Masowien im späten Altertum dieses Gebiet als Randzone von Siedlungszentren bezeichnete, die im Gebiet zwischen Weichsel und Bug, im Gebiet des oberen und mittleren Bzura-Flusses und an den rechten Zuflüssen des unteren Wkra-Flusses lagen.

Die Untersuchungen wurden in drei Etappen durchgeführt:

1) Such- und Registrierarbeiten in den Jahren 1967—1975;
2) Oberflächen-Bestandsaufnahme ausgewählter Fundstellen, Luftaufnahmen, geophysikalische Untersuchungen (ab 1973);
3) archäologische Ausgrabungen ab 1974, groß angelegt seit 1975.

Die Realisierung der ersten Etappe erbrachte die Entdeckung von mehr als 1000 neuen Objekten aus verschiedenen Zeiten. Die Anzahl der Fundstellen aus der uns interessierenden Zeit ist um das Zehnfache gestiegen und betrug jetzt mehr als 200. Dies bewies, wie voreilig die bisherigen Schlußfolgerungen in bezug auf das Siedlungswesen in diesem Gebiet waren. Den zehnfachen Zuwachs an Fundstellen begleiteten neue Ergebnisse mit überregionaler Bedeutung, an deren Spitze die hochentwickelte, intensive Eisenproduktion rückte (Abb. 52). Eine Gruppe von 70 Fundstellen befindet sich im östlichen Teil des untersuchten Gebietes und umfaßt ein Areal von ca. 300 qkm. Es ist ein Flachland mit wenig differenzierter Geländebeschaffenheit und einem dichten Netz kleiner Flüsse und Wasserläufe, die vereinzelt tiefliegende Überschwemmungsgebiete bilden (Abb. 53). Beinahe in allen Überschwemmungsgebieten tritt Raseneisenerz auf (Limonit). Es ist als durchgehende, mehrere Zentimeter starke Schicht zu finden, an manchen Stellen sogar als eine bis zu einem Meter starke Ablagerung. Neben Raseneisenerz sind andere Rohstoffe zu nennen, die bei der Eisenverhüttung verwendet wurden. Es gibt reichhaltige Lehm- und Tonvorkommen, die an vielen Stellen von der Oberfläche her zugänglich sind.

In der zweiten Etappe wurden auf einigen der entdeckten Fundstellen genaue Oberflächenbegehungen und geophysikalische Messungen durchgeführt, ergänzt durch eine Luftaufnahmen-Dokumentation (Abb. 54). Über 30 Fundstellen, darunter Schlüsselsiedlungen des Eisenverhüttungszentrums von Masowien wie Milanówek, Brwinów, Pruszków, Pęcice, Biskupice, Rokitno und Kanie wurden in unsere Untersuchungen einbezogen. Die geophysikalischen Unter-

Abb. 52: Kanie. Keller vom Ende des 19. Jh. Zum Bau wurden außer Steinen zahlreiche frühgeschichtliche Schlackenklötze verwendet

suchungen wurden im Rahmen der Zusammenarbeit mit der Akademie für Bergbau und Hüttenwesen in Kraków und der Polnischen Gesellschaft der Freunde für Bodenkunde durchgeführt. Man stellte Protonenmagnetometer zur Verfügung, so daß sich die magnetische Untersuchungsmethode anwenden ließ. Wie es die in den sechziger Jahren im Gebiet des Świętokrzyskie-Zentrums unternommenen Versuche bewiesen haben, eignet sich diese Methode ganz besonders zum Erfassen des Ausmaßes und der Struktur der im Boden liegenden unsichtbaren Spuren der Eisenverhüttung. Die geophysikalischen Untersuchungen konzentrierten sich auf einige repräsentative Fundstellen, um ihre ganze Größe zu erfassen.

1974 wurde in Anlehnung an die vorhandene Dokumentation mit systematischen archäologischen Ausgrabungen begonnen. Heute werden sie vor allem von der neuentstandenen Institution, dem Museum für Frühgeschichtliches Masowisches Hüttenwesen in Pruszków geführt. Diese Stätte wurde 1975 speziell zur Realisierung des breit angelegten Forschungsprogramms und für die Öffentlichkeit gegründet. Die bisherigen archäologischen Untersuchungen des Museums (1974—1977) umfaßten die Siedlungen in Pęcice, Popówek, Milanówek, Biskupice und Kotowice. Darüber hinaus führte das Staatliche Archäologische Museum einige Absicherungsarbeiten in Kanie und Falenty durch, und das Archäologische Institut der

Abb. 53: Milanówek. Gelände einer Eisenproduktionssiedlung: Typisches Landschaftsbild im Gebiet des Masowischen Zentrums

Warschauer Universität untersuchte einen Teil der Siedlung in Tluste. Die Ergebnisse der Untersuchungen erlauben, zwei grundlegende Typen von Hüttenobjekten hervorzuheben: 1) Reine Eisenproduktionsgebiete sowie 2) Wohn- und Produktionsstätten. Auf der Erdoberfläche im Bereich der ehemaligen Eisenproduktionsgebiete findet man fast ausschließlich Eisenschlacken. Die Fläche ist unterschiedlich groß und variiert von einigen Ar bis zu 10 Hektar. Genauso verhält es sich mit der Dichte der Oberflächenfunde. Auf einigen Fundstellen findet man nur einzelne Schlackenreste, auf anderen liegen sie dicht beieinander, wobei manche ein Gewicht von mehr als 100 kg erreichen. Fundstellen dieses Typs bezeichnen wir als einmalige, gelegentliche oder saisonbedingte Produktionsstätten. Sie befinden sich überwiegend in den östlichen und südlichen Randgebieten des Eisenverhüttungszentrums. Die topographische Lage der ehemaligen Produktionsstätten ist einheitlich, sie befinden sich überwiegend auf den Randpartien der Flußterrassen. Ausnahmen sind selten. Nur wenige Fundstellen weisen auf einen höher gelegenen Standort hin und liegen einige hundert Meter von den Wiesen entfernt.

Zum zweiten Typ gehören Fundstellen, auf deren Erdoberfläche neben der Eisenschlacke auch Fundmaterialien angetroffen werden, die eine Siedlung

Abb. 54: Zaborów. Eisenproduktionssiedlung im Randgebiet eines kleinen Flusses: Spuren von nicht mehr vorhandenen (frühgeschichtlichen?) Wegen, Spuren einer zerstörten Burg (Motte?), wahrscheinlich aus dem frühen Mittelalter. Die dunklen Flächen in den Feldern sind die Spuren des ehemaligen Hüttenplatzes

Abb. 55: Krosna Parcele. Produktionssiedlung: Fast völlige Abgrenzung des Produktionsbereichs vom Wohnbereich; Punkte: Keramik, Dreiecke: Eisenschlacke

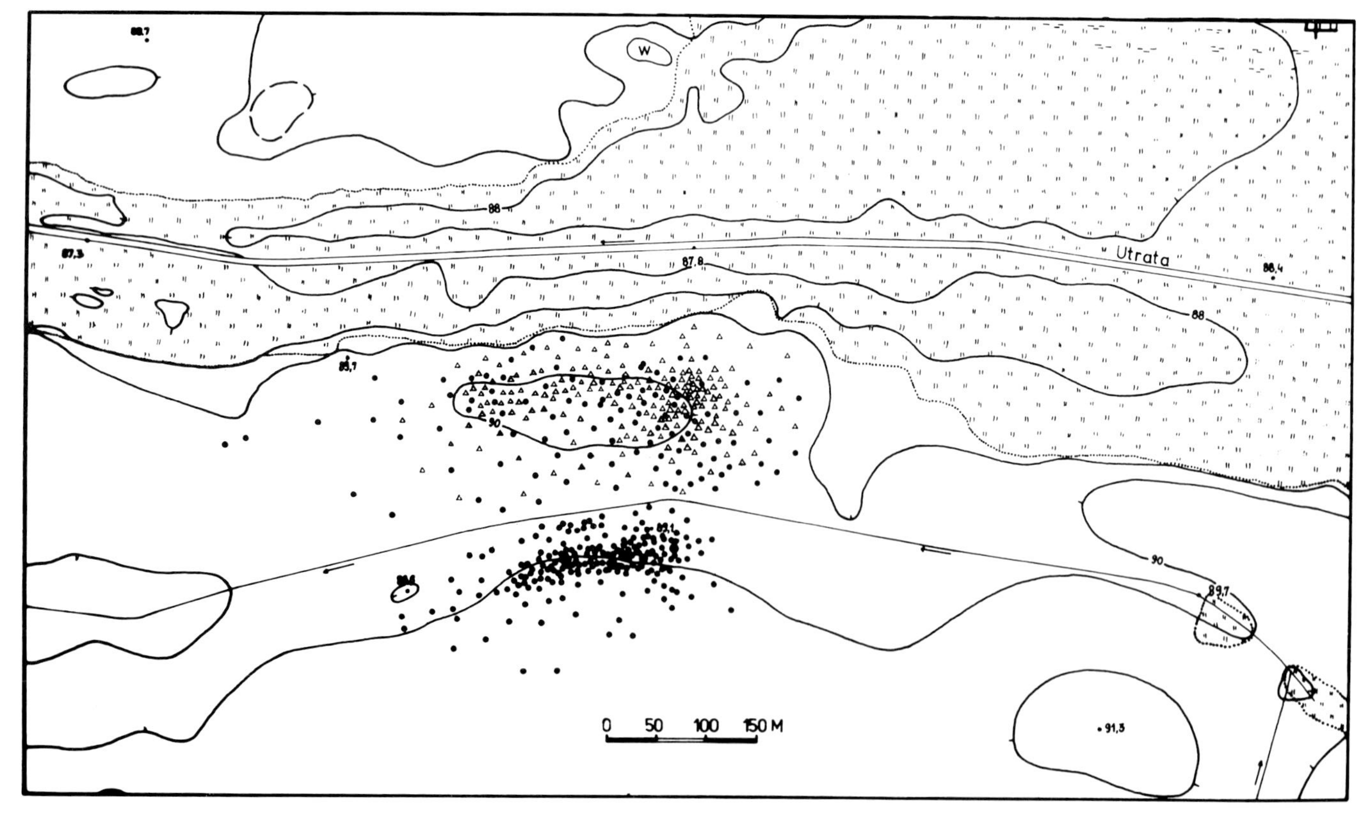

Abb. 56: Biskupice. Die Hälfte der Ausgrabung umfaßte 64 Ar. In der rechten Hälfte des untersuchten Gebietes befindet sich das Produktionsgelände, dahinter das Wohngebiet

charakterisieren: Keramik, Wandbewurf („Hüttenlehm") und Tierknochen. Die Größe der Wohn- und Produktionssiedlungen schwankt nicht in dem Maße, wie dies bei den reinen Produktionswerkstätten der Fall ist. Sie erreichen eine Größe zwischen 1 und 8 Hektar. Diese Siedlungsgebiete liegen fast immer am Rande flacher Flußterrassen, dort, wo sie im Bogen oder halbinselartig in das Überschwemmungsgebiet hineinragen. Keramik und Eisenschlacken traten auf der Erdoberfläche dieser Fundstellen reichhaltig in Erscheinung. Das traf besonders für jene Fundstellen zu, die in der Mitte des Eisenverhüttungszentrums lagen. Bei den Siedlungen im nördlichen Randgebiet dieses Zentrums war der Anteil auffindbarer Eisenschlackenreste geringer. Unter Berücksichtigung aller Einflüsse, die für die Menge der Oberflächenfunde bestimmend sein können, schien dennoch die unterschiedliche Mengenverteilung dem tatsächlichen ökonomischen Charakter der in verschiedenen Gebieten des Zentrums liegenden Siedlungen zu entsprechen.

Im Umkreis einiger Siedlungen konnten Spuren des Abbaus von Raseneisenerz festgestellt werden, oft auf einer Fläche von mehreren Hektar Größe. Es handelt sich dabei um unregelmäßige oder parallel verlaufende Gruben, die rechtwinklig zum Flußterrassenrand angelegt waren.

Die intensivste Produktionstätigkeit des Zentrums begann — nach den bisherigen Beobachtungen — in der frühen vorrömischen Zeit und dauerte bis zum Ende der späten römischen Kaiserzeit an. Während dieses Zeitabschnitts dominierten große, ständige Wohn- und Produktionssiedlungen. In der frühen römischen Kaiserzeit beobachten wir eine Verringerung der Anzahl solcher Objekte. Die Größe der Siedlungen verringerte sich, und statt dessen wurden bis dahin unbewohnte Gebiete besiedelt, sogar solche, in denen die topografischen und landwirtschaftlichen Bedingungen für eine Besiedlung ungünstig waren (Tiefland, Sumpfgebiete). Parallel zu diesem Prozeß scheint sich das Eisenverhüttungswesen rückläufig entwickelt zu haben.

Schon aufgrund der Oberflächenbeobachtungen haben wir festgestellt, daß in vielen Siedlungen, besonders jedoch in den großen, eine Trennung zwischen den Wohn- und Produktionsstätten bestand. Oft gingen diese Bereiche kaum merkbar ineinander über. Es gab aber auch Siedlungen, in denen diese Berei-

Abb. 57: Biskupice. Spuren einer Wohn-Erdhöhle

che voneinander getrennt waren; das zeigt die oft deutlich erkennbare Trennung der Keramikfunde von den Schlackenvorkommen (Abb. 55). Solche Beobachtungen haben ihre Bestätigung in den Ergebnissen der geophysikalischen Untersuchungen, vor allem aber in den Ergebnissen der Ausgrabungen gefunden.

Die am besten untersuchte Siedlung in Biskupice (es wurden über 100 Ar Fläche untersucht) aus dem 1. Jahrhundert v. u. Z. bis zum 3. Jahrhundert u. Z. sieht bei dem heutigen Stand der Arbeiten wie ein Dorf aus, mit einem zentralen Platz, in dessen Mitte ein Brunnen angelegt war. Die Wohn- und Wirtschaftsgebäude waren um den Platz gruppiert. Die Produktionsstätten lagen außerhalb des Wohngebietes in südwestlicher und östlicher Richtung vom Zentrum. Sie konzentrierten sich hauptsächlich in zwei sich gegenüberliegenden Randgebieten der Siedlung in einer Entfernung von 120 m voneinander, wobei jede Gruppe von Werkstätten eine Fläche von ca. 20—30 Ar umfaßte (Abb. 56). Die Trennung zwischen dem Wohn- und Produktionsgebiet ist auch bei den Siedlungen in Milanówek und Kotowice erkennbar. Die Wohngebiete weisen Spuren von Wohnobjekten auf (Abb. 57), Wirtschaftsgruben, Brunnen (Abb. 58) und Herdstellen. Das Fundmaterial dieser Teile der Siedlungen ist typisch für Siedlungsfunde. Es treten zahlreiche Keramikfragmente auf, Spinnwirtel, Webstuhlgewichte, Mühlsteine, Tierknochen und Kleinfunde von Gegenständen des täglichen Gebrauchs aus Knochen und Metall. Die Aufteilung in Wohn- und Produktionsgebiete bezieht sich nur auf die Eisenverhüttung, weniger deutlich wird diese Trennung bei anderen Produktionstätigkeiten. Viele Funde deuten darauf hin, daß sich die Werkstätten der Schmiede, in de-

Abb. 58: Biskupice. Brunnen aus einem ausgehöhlten Baumstamm

nen eine Verarbeitung des Eisens aus den Hütten vorgenommen wurde, in der Nähe der Wohngebäude befinden konnten. Dies bezeugen kleine und unförmige Eisenbrocken, zahlreiche Schlackenreste und Schmelzofenteile aus der Kulturschicht eines Wohngebietes. Charakteristisch ist, daß es sich hierbei um untere Ofenpartien handelt, in denen die Eisenluppe entstand.

In den Produktionsgebieten der Siedlungen überwiegen Schmelzofenreste (Abb. 59). Die Ausgrabungen bestätigten die geophysikalischen Beobachtungen, daß die Öfen in große Gruppen, meist in langgestreckter Form, mit scharf begrenzten geraden Linien von westlicher und nordwestlicher Richtung angeordnet sind. Die geophysikalischen Untersuchungen in Milanówek ergaben, daß sich die größte Dichte der Öfen am westlichen Rand der Siedlung in einem Streifen von 300 m Länge und 10—20 m Breite befand. Er besitzt (vor allem seine westliche Grenze) eine Nord-Süd-Orientierung. Die Ausgrabungen von 1975 zei-

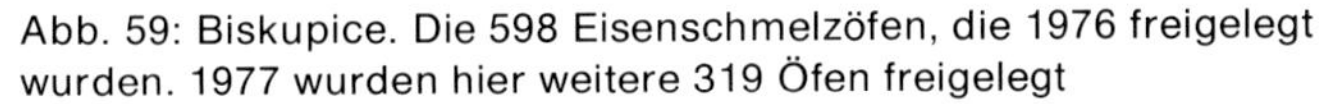
Abb. 59: Biskupice. Die 598 Eisenschmelzöfen, die 1976 freigelegt wurden. 1977 wurden hier weitere 319 Öfen freigelegt

Abb. 60: Milanówek. Grabung II/75; westlicher Rand der Grabung ohne jede Spur von Eisenproduktion (rechts); Grenzzone des Produktionsfeldes — große Ofendichte

gen, daß die westliche Grenze der Ofengruppe (Abb. 60, 61) mit den geophysikalischen Messungen und den Himmelsrichtungen übereinstimmt. In Parzniew sind die Schmelzöfen in drei Streifen (mit je ca. 200 m Länge), die sich jeweils im rechten Winkel berühren, angeordnet. Auch diese Anordnung ist nach den Himmelsrichtungen orientiert. Diese langgestreckten Produktionsfelder umringen anscheinend das Wohngebiet der Siedlung.

Sowohl in Milanówek als auch auf anderen Fundstellen befand sich die größte Dichte der Schmelzöfen am westlichen Rand der Produktionsgebiete. Zum östlichen Rand hin nahm die Dichte der Öfen ab. Auf eine

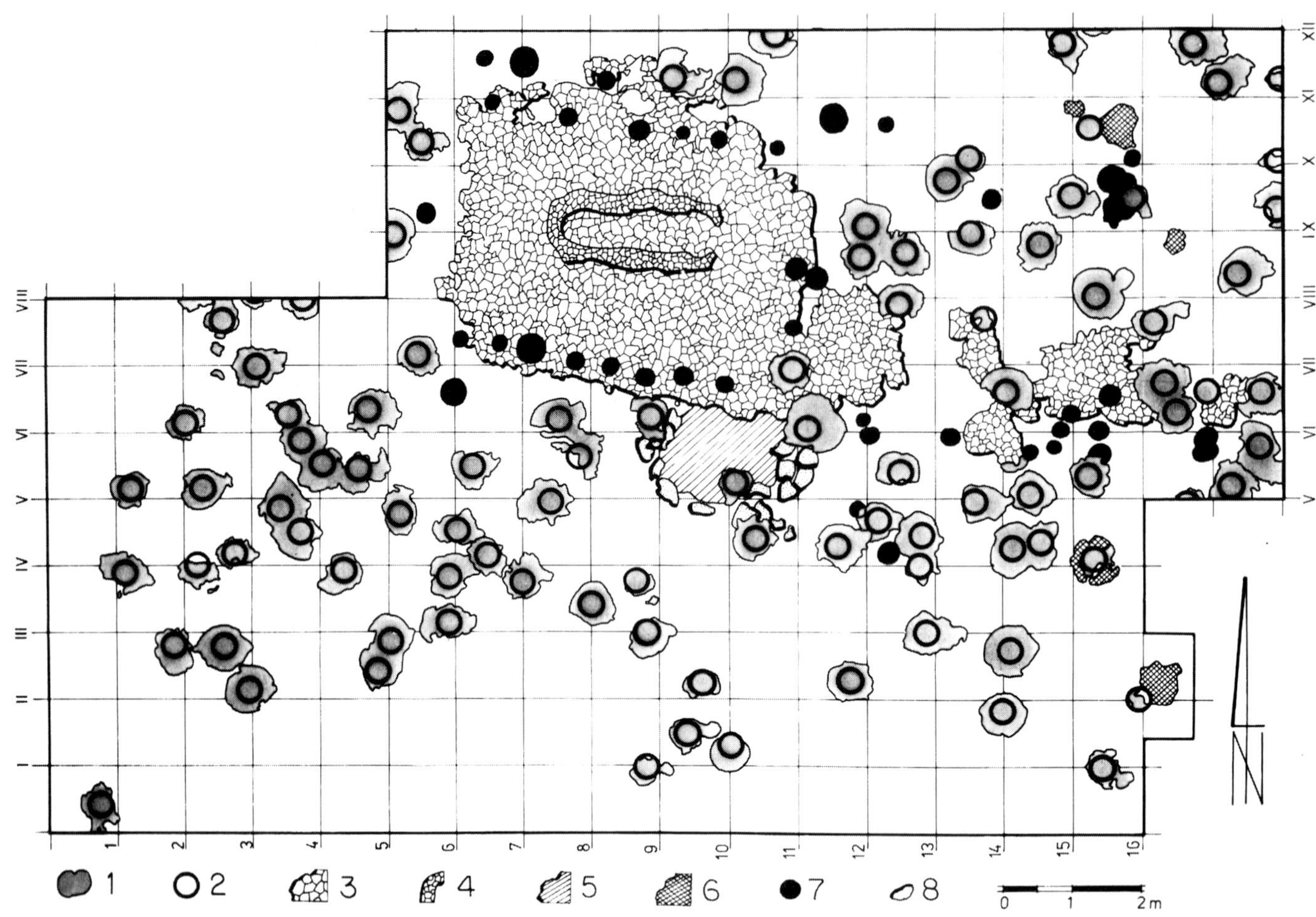

Abb. 61: Milanówek. Plan der Grabung I/75; 1: maximale Reichweite des Schlackenklotzes im unteren Teil der Mulde, 2: vermutliche Lage des oberen Ofenteils (Ofenschachtes), 3: Lehmüberreste von den Wänden einer Schmiede (?), 4: Wände eines Kuppelofens, 5: die den Kalkbrennofen ausfüllende Schicht, 6: Fragmente der Lehmwände der Rennöfen (Schächte), 7: Pfostenlöcher der Gebäude, 8: steinerne Wandkonstruktion des Kalkbrennofens

Abb. 62: Milanówek. Ofengrube mit seitlicher Erweiterung, Seitenansicht

Abb. 63: Milanówek. Ofengrube mit seitlicher Erweiterung, Aufsicht

Abb. 64: Pęcice. Zwei nebeneinander liegende Schlackenklötze mit einem Gesamtgewicht von 400 kg. Eine Siedlung aus dem 3. bis 4. Jh. u. Z.

Abb. 65: Milanówek. Ofengrube mit zwei großen Kanälen

38

90

Abb. 66: Biskupice. Bereich des Erzsortierens und -röstens auf der Niederterrasse

bestimmte Anordnung der Schmelzöfen zueinander gibt es keine sicheren Hinweise. In keinem Verhüttungszentrum sind geometrische Anordnungen der Öfen beobachtet worden, wie sie vergleichsweise im Heilig-Kreuz-Gebirge vorkommen. Ihre Anzahl in den einzelnen Produktionsgebieten schwankt zwischen 50 und 80 Öfen pro 100 qm. Die Gesamtzahl der Öfen in jedem Produktionsgebiet großer Siedlungen wie Milanówek, Biskupice oder Pęcice betrug schätzungsweise 5000. In Milanówek kann diese Zahl noch überschritten worden sein.

Die bei Warschau entdeckten Schmelzofenfelder sind in ihrer Art einmalig und werfen faszinierende Fragen zu Siedlungs- und Produktionsproblemen auf.

Die streifenförmige Anordnung der Schmelzöfen war weder durch die Geländeform noch durch die Lage der Siedlung bedingt. Die Größe der Anlagen, ihre klare Form und die scharfe Abgrenzung zum umliegenden Gelände hin lassen vermuten, daß es sich bei ihnen um groß angelegte Produktionsanlagen gehandelt haben muß. Sie zeugen von einer planmäßig angelegten und während der Dauer des Bestehens eingehaltenen Trennung einzelner Funktionsbereiche. Es ist schwierig zu entscheiden, welche Faktoren die Größe, die Form und die Ausrichtung der Anlagen bestimmt haben mögen und aus welchem Grund die Begrenzung dieser Gebiete nur selten überschritten worden ist. Vermutlich spielten technologische Besonderheiten und auch die Produktionsorganisation eine entscheidende Rolle. Die scharfen Begrenzungen der Anlagen lassen vermuten, daß man Rücksicht auf vorhandene dauerhafte Wege nahm, auf denen die Rohstoffe angefahren und entlang derer weitere Öfen errichtet wurden.

Man darf aber auch andere Gründe nicht ausschließen. Es ist wahrscheinlich, daß der Eisenverhüttungsprozeß mit einem spezifischen Komplex von Glaubens- und Magievorstellungen verbunden war, der bei einem großen Vorhaben besonders kompliziert war. Davon könnten auch die letzten Entdeckungen in Biskupice zeugen. Auf dem Produktionsgelände haben wir ein Grab eines Knaben und zwei Pferdegräber gefunden. Dies könnten Opfergräber, rituelle Bestattungen, sein.

Alle 1300 bisher im Eisenverhüttungszentrum bei Warschau untersuchten Öfen gehören zum gleichen Typ des in dieser Zeit im „barbarischen" Europa benutzten Herdgrubenofens mit einmaligem Gebrauch. Konstruktionsmerkmale und Funktionsweise dieses Ofentyps sind bereits im ersten Teil dieses Beitrags besprochen worden.

Einige Konstruktionsmerkmale der masowischen Öfen treten in anderen Gebieten nicht oder nur sehr selten auf. Zu den originellen Einrichtungen gehören einseitige Erweiterungen der Ofenmulden und Kanä-

Abb. 67: Biskupice. Teil des Kalkbrennofens. Die Ofenwände sind aus Trockenmauerwerk

le, die sie mit der Oberfläche verbinden. Nicht alle Öfen waren mit diesen Vorrichtungen versehen. Auf manchen Fundstellen sind es nur etwa 10 %, auf manchen sind es bis zu 25 % der Öfen. Vermutlich waren es Vorrichtungen zur Verbesserung des Schmelzprozesses, wobei nicht einmal innerhalb eines Produktionsgebietes diese Bauweise einheitlich angewandt wurde. Möglicherweise dienten sie der Luftzuführung über die Mulde am Anfang des Reduktionsprozesses, was auf die Verwendung eines Blasebalges ohne keramische Düse hindeuten würde. Diese Deutung scheint sich durch das Fehlen von Tondüsen unter dem Fundmaterial (ähnlich wie im Zentrum des Heilig-Kreuz-Gebirges) zu bestätigen und hat die Mehrheit der Forscher zu der Annahme bewogen, daß der natürliche Luftzug der normale Weg der Windzufuhr bei den Rennöfen des eingetieften Typs war. Die genannten Erweiterungen und Kanäle konnten sicherlich auch eine Bedeutung während der Ausfüllung der Mulde mit Schlacke haben. Sie konnten zudem ein Eingreifen der Schmelzer in den Produktionsprozeß ermöglichen (Abb. 62—65).

Ein Teil der im Masowischen Zentrum entdeckten Öfen unterschied sich im Durchmesser der Mulde und dem größeren Schlackengewicht von denen des Świętokrzyskie-Zentrums. Der Durchmesser mancher Ofengrube betrug bis zu einem Meter, so daß das Gewicht mancher Schlackenklötze mehr als 200 kg erreichte. Es scheint, daß die Unterschiede in der Größe der Öfen und in der chronologischen Differenziertheit begründet liegen. Unter den älteren Öfen überwiegen solche mit kleineren Herdgruben (50—60 cm Durchmesser), bei denen die Schlacke das Gewicht von 100 kg nicht überschreitet. In der jüngeren römischen Kaiserzeit nahm die Anzahl großer Öfen zu. Vermutlich hing das mit der Verbesserung der Technologie zusammen. Das größere Rohstoff- und Heizmaterialvolumen ermöglichte die Verlängerung des Schmelzprozesses, was zur Gewinnung einer größeren Menge von Eisen führte, wobei sich aber auch die Menge des Nebenproduktes — der Schlacke — vergrößerte.

Zu den wichtigsten Entdeckungen der letzten drei Jahre sind die Anlagen zu nennen, die neben den Rennöfen als zur Eisenproduktion gehörig anzusehen sind. Ihre überwiegende Mehrzahl befand sich auf dem Produktionsgebiet am Rande der Schmelzofenfelder. Unter ihnen befinden sich Vorratsgruben für Raseneisenerz (Abb. 66), Kalkbrennöfen, Schmiedeherde und Gebäude mit Ausheizöfen.

Besonders interessant ist die Freilegung von vier Kalkbrennöfen. Es sind zweiteilige Anlagen. Der unterirdische Teil des Ofens besteht aus einer 1,5 m tiefen Grube von etwa 2 m Durchmesser. Ihre Wände waren mit Feldsteinen ausgekleidet. Der oberirdische Teil bestand wahrscheinlich aus einer Lehmkuppel, deren Höhe auf etwa 1 bis 1,5 m geschätzt wird. Das Aufnahmevolumen solcher Kalkbrennöfen betrug bis zu 10 cbm (Abb. 67). Aus der Beobachtung, daß in den Produktionsgebieten Kalkbrennöfen zusammen mit Eisenschmelzöfen vorkommen, sowie anhand chemischer Analysen der Schlacke, die einen außergewöhnlich hohen Kalkgehalt bezeugen, läßt sich schließen, daß Kalk bei der Eisenverhüttung im Masowischen Zentrum eine Rolle gespielt haben muß.

Abb. 68: Biskupice. Fünf Schmiedefeuerstellen im Reihensystem

Die am Rande der Schmelzareale entdeckten Spuren von Schmiedewerkstätten stehen in Verbindung mit der schmiedetechnischen Eisenverarbeitung. Sie bestehen aus regulären Gruppen rechteckiger Feuerstellen mit Spuren sehr hoher Temperaturen (Abb. 68). Auf diesen Feuerstellen selbst und in ihrer unmittelbaren Umgebung wurden kleine, unförmige Eisensplitter gefunden, die beim Ausschmieden der Eisenluppe entstanden waren. Auf der Fundstelle in Tluste wurden 1976 im Umkreis solch einer Feuerstelle ein Satz von Schmiedewerkzeugen (3 Hämmer, Schmiedezange und Schmiedeamboß) sowie Schmiedeerzeugnisse (Pflugschar und Schneide) gefunden. In der Siedlung in Biskupice bildeten diese Feuerstellen regelmäßige Streifen, die parallel zu den Grenzen der Produktionsfelder verliefen. Dies würde bedeuten, daß die Schmiedeanlagen ein ständiges Element der Produktion waren, daß Verhüttung und Schmiedetätigkeit räumlich integriert standen.

Ein interessantes Objekt, das gleichfalls mit der Eisenverarbeitung zusammenhängt, wurde in der Siedlung in Milanówek entdeckt. In der Nähe der Schmelzöfen wurde der Grundriß eines großen Pfahlgebäudes (11 × 4 m), dessen Wände mit Lehm abgedichtet waren, freigelegt (Abb. 54, 69). Im Innern dieses Gebäudes befanden sich Reste eines großen, 2,7 m langen, 1,2 m breiten und 0,7 m hohen Kuppelofens aus Lehm. Seine Wandungsstärke betrug bis zu 0,4 m (Abb. 70). Diese große Ofenanlage diente wahrscheinlich zum Ausheizen der Eisenluppe vor ihrer weiteren mechanischen Bearbeitung. Es ist aber nicht ausgeschlossen, daß sie weit komplizierteren thermisch-chemischen Zwecken diente, die zur Änderung der chemischen Struktur des Roheisens oder der Fertigprodukte führten.

Bei der Zusammenfassung dieser ersten Informationen darf festgestellt werden, daß die bisherigen Untersuchungen zum Aufstellen der These berechtigen, daß es in Masowien am Ende des Altertums ein geschlossenes Territorium gab, das dauerhaft besiedelt war und dessen Bevölkerung eine hohe Stufe wirtschaftlicher Spezialisierung erreicht hatte.

Seine metallurgische Produktion ist in hohem Maße eine eigenständige Erscheinung. Charakteristisch sind die spezifische Form der räumlichen Organisation der Siedlungen und die differenzierten Lösungen im Bereich der Produktionstechnologie. Im Unterschied zum Eisenverhüttungszentrum des Heilig-Kreuz-Gebirges sind hier Elemente eines vollen Produktionszyklus erkannt worden: vom Abbau und der Vorbereitung der Rohstoffe Eisenerz (und Kalk) über das Schmelzen, Ausheizen und Weiterverarbeiten bis zum Fertigprodukt. Die metallurgische Produktion trug hier die Merkmale einer besonderen handwerklichen Tätigkeit außerhalb der natürlichen Wirtschaft. Dieses Zentrum nahm zumindest im Gebiet von Mittelpolen eine Monopolstellung für die Herstellung von Eisen und seiner Verarbeitung ein. Die Schmelzofenanzahl wird insgesamt auf 100 000 bis 150 000 geschätzt. Sollten diese Berechnungen stimmen, würde dieses Verhüttungszentrum nach dem des Heilig-Kreuz-Gebirges das zweitgrößte bekannte Eisenproduktionszentrum im „barbarischen“ Europa darstellen.

Zusammenfassung

Die dynamische Entwicklung der Eisenproduktion, die wir am Ende des Altertums im heutigen Polen beobachten, spiegelt die gewaltigen Umwandlungen in sämtlichen Lebensbereichen der in diesen Regionen lebenden Völker wider. Mitbewirkt wurden diese Umwandlungen durch den Einfluß der Kontakte mit der keltischen und römischen Kultur. Diese allgemeinen Tendenzen umfaßten mit ähnlicher Intensität das ganze, außerhalb der Limesgrenzen liegende Territorium Mittel- und Nordeuropas. Noch ist unklar, warum auf einem nur verhältnismäßig kleinen Gebiet eine Konzentration spezieller Produktionszweige erfolgte. Es handelt sich hierbei nicht nur um die Eisenverhüttung, aber gerade in dieser grundlegenden Produktion kommt dies am deutlichsten zum Vorschein.

Das Entstehen der Konzentration im Świętokrzyskie-Zentrum könnte man auf das Vorhandensein einer besonders günstigen Rohstoffbasis in dieser Region zurückführen. Denn nur dort treten von der Erdoberfläche her zugängliche Lagerstätten von sehr gutem Roteisenerz auf. Was aber verursachte die Entstehung des Eisenproduktionszentrums in Masowien? Das dortige Verhüttungswesen hat ja nur die Erze ausgebeutet, die im gleichen Ausmaß im ganzen Flachland zu finden sind. Und trotzdem haben andere, wirtschaftlich aktive, im Flachland liegende Siedlungszentren keine großangelegte Eisenproduktion entwikkelt. Was verbirgt sich hinter dieser Spezialisierung?

Man neigt zu der Vermutung, daß dies eine Widerspiegelung tiefer, nicht nur mit der Produktion verbundener Eigenarten der Gesellschaften darstellt, welche diese Gebiete bewohnten. Worauf beruhten diese Eigenarten? Man kann nur vermuten, daß bestimmte, weitreichende und solide Bindungen diese Gesellschaften vereinten, so daß sie die in technologischer und organisatorischer Hinsicht spezialisierte Produktion zu beherrschen und viele Generationen lang in großem Ausmaß zu führen vermochten.

Obwohl von der Eisenproduktion ausgehend, haben wir hier Probleme berührt, die zu den schwierigsten der Vor- und Frühgeschichte gehören. Ein Fortschritt in der Lösung dieser Fragen hängt nicht nur von der weiteren intensiven Forschung der beiden im Weichselbogen liegenden Eisenverhüttungszentren ab, sondern auch in großem Ausmaß von der besseren Erforschung der Eisenproduktion der Frühzeit in ganz Mittel- und Nordeuropa (Abb. 32). Die weitere und bessere Forschungsarbeit wird es erlauben, die einzelnen Symptome dieses wichtigen wirtschaftlichen und gesellschaftlichen Prozesses in vollem Umfang zu sehen und zu ergründen.

Abb. 69 (links): Milanówek. Spuren eines Schmiedegebäudes mit erkennbaren Umrissen eines Kuppelofens

Abb. 70: Milanówek. Unterteil des gleichen Kuppelofens

LITERATUR

Bielenin, K.: Das Hüttenwesen im Altertum im Gebiet der Góry Świętokrzyskie, in: Prähistorische Zeitschrift, 42, 1964, S. 77—96.

Ders.: Dymarski piec szybowy zagłębiony typu kotlinkowego w Europie Starożytnej (Der eingetiefte Rennofentyp im frühgeschichtlichen Europa), in: Materiały archeologiczne, 14, 1973, S. 5—101.

Ders.: Schmelzversuche in halbeingetieften Rennöfen in Polen, in: Die Versuchsschmelzen und ihre Bedeutung für die Metallurgie des Eisens und dessen Geschichte, Schaffhausen/Prag 1973, S. 62—70.

Ders.: Starożytne górnictwo i hutnictwo żelaza w Górach Świętokrzyskich (Frühgeschichtlicher Erzbergbau und Eisenhüttenwesen im Heilig-Kreuz-Gebirge), Warszawa/Kraków 1974.

Ders.: Eingetiefte Rennöfen der frühgeschichtlichen Eisengewinnung in Europa, in: FS Richard Pittioni, Wien 1976 (= Archaeologia Austriaca, Beih. 14) S. 13—27.

Pleiner, R./Radwan, M.: Polnisch-tschechoslowakische Schmelzversuche in den Rennöfen der römerzeitlichen Bauarten, in: Archeologicke Rozhledy, 15, 1963, S. 47 ff.

Woyda, S.: O pracach nad zdęciem archeologicznym terenu Mazowsza i Podlasia (Über Arbeiten an der archäologischen Aufnahme des Gebietes von Masowien und Podlasie), in: Wiadomości Archeologiczne, 34, 1974, H. 1, S. 44—46.

Ders.: Mazowiecki ośrodek hutnictwa starożytnego — I. wiek p. n. e. — IV. wiek n. e. (Frühgeschichtliches Eisenverhüttungszentrum in Masowien — 1. Jh. v. u. Z.—4. Jh. u. Z.), in: Kwartalnik Historii Kultury Materialnej, 4, 1977, S. 471—488.

ARCHÄOLOGISCHES VERGLEICHSMATERIAL

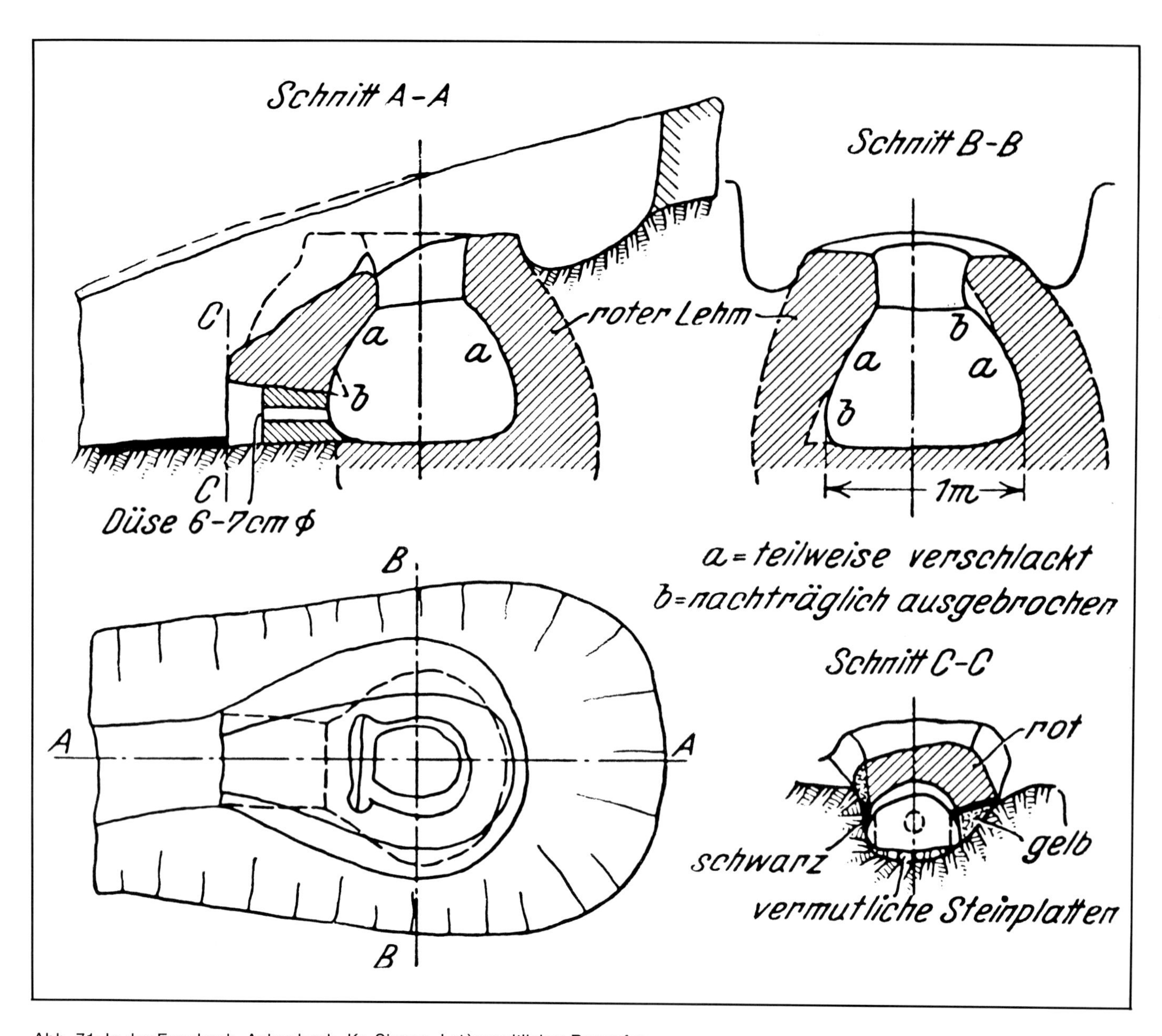

Abb. 71: In der Engsbach, Achenbach, Kr. Siegen. Latènezeitlicher Rennofen

Alfred Lück

Zur vor- und frühgeschichtlichen Eisenverhüttung im Siegerland

Am Oberlauf des Flüßchens Sieg, das an der Nordgrenze der Bundeshauptstadt in den Rhein mündet, liegt das erzreiche Siegerland. Es ist gebirgig und zerklüftet, mit Wäldern bedeckt und bietet eigentlich keinen Anreiz zur Besiedlung. Für die Tatsache, daß sich hier überhaupt Menschen niedergelassen haben, spricht die Behauptung des nassau-oranischen Bergrats Johann Philipp Becher, der 1786 schrieb: „Der Eisenstein lockte und rufte die ersten Bewohner ins Land, das damals ein Dickicht, ein Wald war. Den Eisenstein suchte man, man fand ihn leicht. Er stand an vielen Orten zutage. Er ist das erste Motiv gewesen, daß die Gegend bewohnbar, daß die ersten Hütten dort aufgeschlagen worden sind.“

In der Tat hat die Archäologie seit etwa 1930 zur Bestätigung dieser Behauptung beigetragen. In den europäischen Ländern hat seit der Latènezeit die Eisenverhüttung unaufhaltsam ihren Siegeslauf angetreten. Dabei wurde auch ein sonst weniger zum Siedeln verlockendes Gebiet erschlossen, weil es alle Bedingungen zur Eisenerzeugung in sehr konzentriertem Maße besaß. Im Siegerland gab der dichte Wald reichlich Holz zur Herstellung der Holzkohle in Meilern. Das Ausgehende der mächtigen Spateisengänge im Kerngebiet des Landes lieferte ein vorzügliches, leicht an der Oberfläche zu gewinnendes Eisenerz in Form von Molderstücken, Brauneisenstein, Eisenglanz und anderen oxidischen Umwandlungsprodukten des Spateisensteins.

Die erste, immer reger werdende Verhüttungstätigkeit entfaltete sich zunächst nur im eigentlichen Kerngebiet um die Stadt Siegen. Hier fand Otto Krasa bei seinen Ausgrabungen ab 1930 überall in den Seifen (kleinen Bachläufen), Tälern und zuweilen an Quellmulden uralte Hüttenplätze. Bis heute sind etwa 250 Plätze bekanntgeworden. Die meist in die Böschung eingebauten Eisenschmelzen haben einen kuppelförmigen Bau aus Lehm und flachen Steinen mit einem inneren größten Durchmesser von 1,2 m. Die Höhe betrug ursprünglich wohl 1,5 bis 2 m. Die auf die Kuppel aufgesetzte schachtförmige Esse mit einer Gichtöffnung von etwa 0,3 bis 0,4 m lichter Weite war meist nach der Aufgabe des Ofens zusammengestürzt und füllte mit ihrem Schutt das Innere der Kuppel aus. Zusammen mit der Lage des Ofens in der Hangböschung trug dieser Umstand dazu bei, daß sich die Schmelzöfen bis heute so verhältnismäßig gut erhalten haben. Die stets nach dem Wasserlauf des Seifens gerichtete offene Ofenbrust wölbte sich halsartig über einen Steinkanal. Dieser hatte eine lichte Weite von 0,8 und eine lichte Höhe von 0,5 m. Die Reduktion des Eisens geschah bei natürlicher Luftzufuhr durch die in die Lehmwand des Steinkanals eingestochene runde Düse von 5 bis 7 cm Durchmesser (Abb. 71, 72).

Am 23. Oktober 1957 wurde in einem recht gut erhaltenen und dann etwas restaurierten Ofen im Fuchsseifen oberhalb der Schindesiedlung in Niederschelden (heute ein Ortsteil der Stadt Siegen) eine Versuchsschmelze unter den alten Bedingungen durchgeführt, d. h. nur mit Hangaufwind und Essenzug (Abb. 73). Der Ofen wurde zunächst mit einem Holzfeuer getrocknet. Nach etwa zwei Stunden wurden 220 kg (= 0,7 cbm) Holzkohle eingefüllt. Eine Stunde später hatte der Ofen bereits gut gezogen, so daß man jetzt Erzstücke aufgeben konnte, und zwar 3 kg, zerkleinert in walnußgroße Stücke. Es handelte sich um Brauneisenstein, wie er an der Verhüttungsstelle zutage trat, mit 54 % Fe, 0,8 % Mn und 8 % SiO_2. Kurz darauf gab man alle 20 Minuten eine Ladung Holzkohle von 3,2 kg und 1,7 kg Erz, im ganzen 86 kg Holzkohle und 55 kg Erz auf.

Die erste Schlacke erschien nach etwa 3¾ Stunden. Dieser erste Versuch mußte der Witterung halber abgebrochen werden. Weitere Versuche ergaben jedoch, daß die alten Schmiede höchstens eine Temperatur von 1200 bis 1300° C erreichen konnten, also nicht die notwendige Schmelztemperatur von 1500° C. Sie besaßen nur die Möglichkeit, aus einem

Abb. 72: In der Engsbach, Achenbach, Kr. Siegen. Ausgrabung des latènezeitlichen Rennofens

Abb. 73: Giebelwald, Siegen. Rekonstruktion eines Rennofens während des Schmelzversuches 1957

Teil der Erze, der Gangart und dem Ofenlehm sowie der Holzkohlenasche eine eisenreiche flüssige Schlacke zu gewinnen, die auch das gesamte Mangan der Erze aufnahm. Das übrige Erz wurde schon bei 900° C in Eisen umgewandelt. Es sammelte sich in kleinen Stücken, erbsengroßen Kugeln oder als Schwamm in der eisenreichen Schlacke an, die im Herd zurückbehalten wurde. Unter gewissen Umständen (wenn viel Mangan oder Gangart = Sand mitgeschmolzen und dadurch der Eisengehalt der Schlacke herabgesetzt worden war) konnte Kohlenstoff im Eisen zurückbehalten werden und auf diese Weise Naturstahl entstehen.

Bei den Windöfen mußte das Eisen aus der kalt zerkleinerten Schlacke ausgelesen und in einem neuen Feuer auf 1300° C erhitzt und zusammengeschweißt werden. Dieser Eisenkuchen wurde mit dem Hammer zu größeren Klumpen (Luppen) oder zu Stangen in der charakteristischen Form der Doppelpyramiden ausgeschmiedet. Aus dem Versuch schloß man, daß die alten Eisenmänner für eine Schmelze etwa 24 bis 36 Stunden brauchten und beim Einsatz von 153 kg Erz ein Ausbringen von etwa 18 kg Eisen erzielten.

Die Schmiede jener Zeit gehörten keltischen Stämmen an, wie spätere Grabungen in einigen Wohnpodien in der Nähe der Schmelzen zeigten. Verhältnismäßig selten sind Funde eiserner Gegenstände aus jener Zeit, vermutlich weil die Schmiede dieses kostbare Metall jeweils gut aufgeräumt oder wieder verhüttet haben.

Einer der keltischen Öfen befindet sich heute als Original im Museum des Siegerlandes. Ein anderer, beinahe ebenso gut erhaltener wurde in situ belassen. Der Siegerländer Heimatverein ließ ein halbkugelförmiges Betondach darüber wölben, das auch den kleinen Frischherd, der zu diesem Zweck um einige Meter näher an den Schmelzofen gesetzt werden mußte, bedeckt. Hier, an der sog. Silberquelle bei Rödgen-Obersdorf, erhält somit der Besucher die ganz einmalige Gelegenheit, einen latènezeitlichen Schmelzofen an der Stelle zu besichtigen, an der er vor 2500 Jahren arbeitete. Eine Vitrine birgt gefundene Keramikreste, welche die Datierung ermöglichten. Dabei handelt es sich um eines der ältesten technischen Denkmäler Deutschlands.

Gewaltige Schutthalden geben ein beredtes Zeugnis von dem erheblichen Umfang der damaligen Eisenverhüttung im Siegerland. Die intensive Hüttentätigkeit jener ersten Periode muß in ihrer wirtschaftlichen und vielleicht auch politischen Auswirkung weit mehr als nur lokale Bedeutung gehabt haben. Es müssen Handelsbeziehungen zu den „eisenarmen" Nachbargebieten bestanden haben, was die zahlreich nachgewiesenen Fernstraßen, die man noch heute „alte Eisenstraßen" nennt, bestätigen.

Auffallend ist, daß diese erste Periode im Kerngebiet des Siegerlandes gänzlich erlosch, vielleicht weil der ungeheure Verbrauch an Holzkohle die Wälder kahl werden ließ und das Erz bei der nur sehr primitiven Gewinnung an der Oberfläche knapp wurde.

Aber in der waldreich gebliebenen Umgebung setzt sich in der Spätlatènezeit eine moderne Verhüttungsmethode durch. Charakteristisch dafür sind die Düsenziegel, die zu Hunderten ganz oder in Bruchstükken geborgen wurden. Diese auswechselbaren Düsen sind rechteckig, etwa 15 cm lang, 10 cm breit und 8 cm dick. In der Mitte haben sie eine runde, konisch verlaufende Öffnung von durchschnittlich 2 cm Weite. Die dem Ofeninneren zugekehrte Seite ist versintert, des öfteren völlig zugeschlackt. Manchmal steckt noch ein Schlackenzapfen in der Öffnung, woraus sich die Notwendigkeit der Auswechslung solcher Düsenziegel erklärt. Joseph Wilhelm Gilles hat einen solchen Zapfen von 20 cm Länge und 1,5 bis 3,5 cm Dicke analysiert und fand darin 56 % Eisen, 2,2 % Mangan und 16,5 % Rückstände.

Die Eisenschmelzen dieser neueren Periode standen frei und besaßen ein Gebläse, zuerst wohl nur ein Hand-, später ein Tretgebläse aus ledernen Blasebälgen. Dadurch, daß die Öfen nicht mehr im Hang geborgen waren, hat man zwar bisher kein gut erhaltenes Exemplar gefunden, doch die entdeckten Reste erlauben eine sichere Rekonstruktion. Auffallend sind die in großen Mengen gefundenen Keramikreste aus dieser Zeit, die auf eine dichtere Bevölkerungszahl schließen lassen.

Mit riesigen Wallburgen auf den umliegenden Bergen versuchten die Kelten, ihr „Eisenland" zu schützen. Dennoch drangen seit etwa 200 v. Chr. germanische Stämme (vielleicht Chatten) von Norden her ein.

Die Eisenproduktion hinterließ in der nachfolgenden Zeit im Siegerland keine Zeugnisse, sie erreichte allenfalls lokale Bedeutung. In der Römerzeit spielte sie in den linksrheinischen Provinzen eine vorübergehende Rolle. Erst etwa ab 1000 n. Chr. gewann das Eisenland an der Sieg zunehmend wirtschaftliche Wichtigkeit, die durch zahlreiche Bauernrennfeuer, „Tretthütten", Stück- und Hochöfen über einen Zeitraum von 900 Jahren fast bis in unsere Tage reichte. Das Mittelalter lokalisierte Wieland, den kunstreichen Schmied der deutschen Heldensage, in Siegen. In der lateinischen Handschrift „Vita Merlini" spricht der Verfasser, ein walisischer Abt namens Geoffrey of Monmouth (gestorben 1154), von Bechern, die Wieland in der Stadt (urbs!) Siegen schmiedete. Das heutige Wilnsdorf, unmittelbar bei Siegen, hieß noch bis vor 200 Jahren offiziell Wielandisdorf.

LITERATUR

Krasa, O.: Älteste Zeugen der Siegerländer Eisenindustrie, in: Das Siegerland. Monographie des Wirtschaftsraumes Siegen-Olpe-Wittgenstein, Dortmund o. J., S. 109 f.; ders.: Latène-Schmieden im Siegerland; in: Westfälische Forschungen, 17, 1964, S. 200 ff.

Slotta, R.: Technische Denkmäler in der Bundesrepublik Deutschland, Bochum 1975 (= Veröffentlichungen aus dem Deutschen Bergbau-Museum Bochum. 7), S. 150 f.

Johannsen, O.: Geschichte des Eisens, 3. Aufl., Düsseldorf 1953.

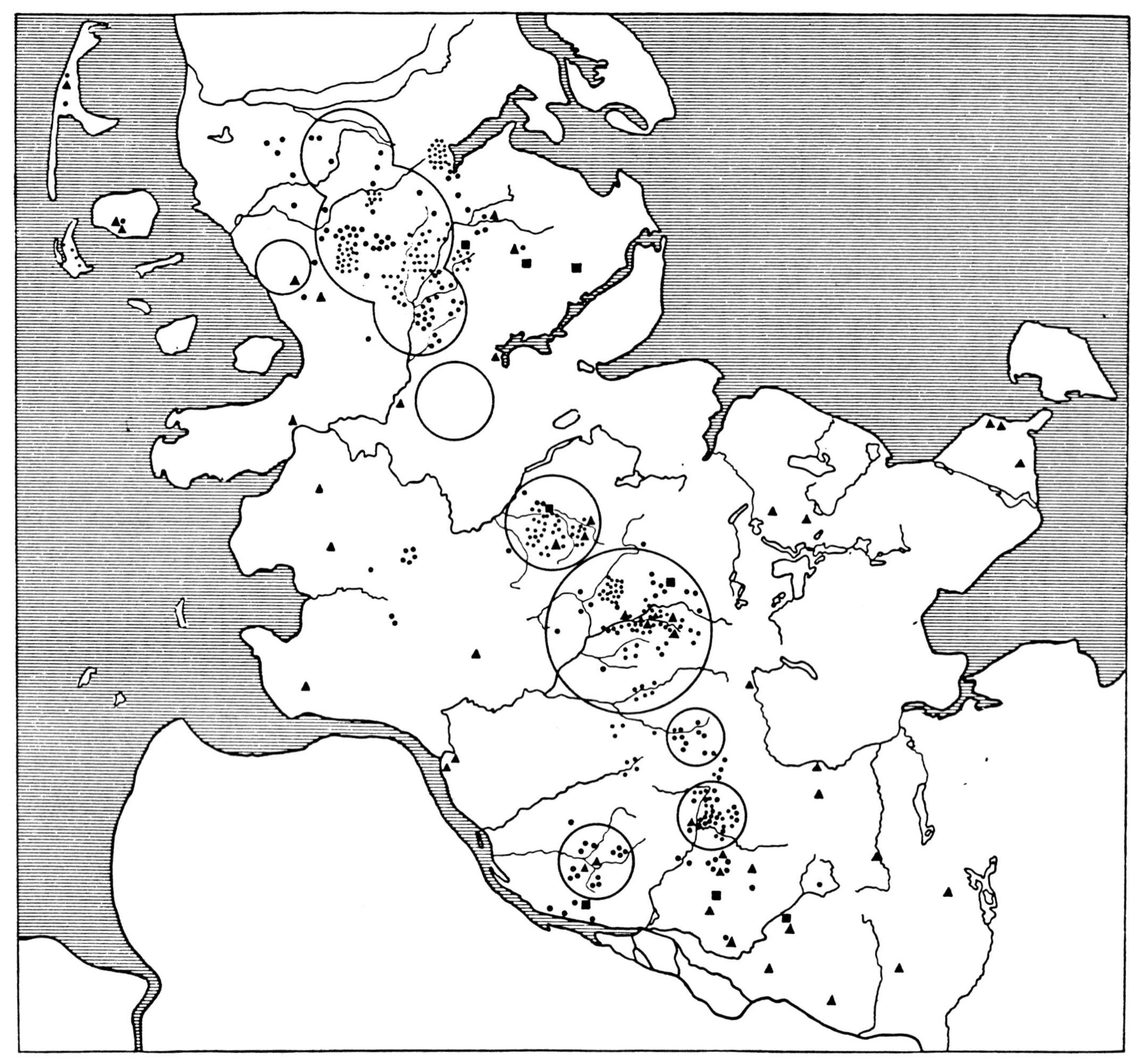

● Eisenschlackenfunde
▲ Siedlungen mit Eisenschlacken
■ Urnenfriedhöfe mit Eisenschlacken

○ Verbreitung umfangreicher Raseneisenerzvorkommen

Abb. 74: Eisenschlackenfunde und Raseneisenerzvorkommen in Schleswig-Holstein

Hans Hingst

Vor- und frühgeschichtliche Eisenverhüttung in Schleswig-Holstein

Die Spuren der vor- und frühgeschichtlichen Eisenverhüttung in Schleswig-Holstein sind im allgemeinen als lockere, seltener dichte Streuung traubig zerflossener oder kantig gebrochener schwerer Eisenschlackenstücke auf Ackerflächen erhalten. An solchen Stellen liegen unter der Ackerkrume mit kohliger Erde und Lehmbröckchen sowie Eisenschlacken gefüllte Gruben unterschiedlicher Form und Größe. Gelegentlich werden beim Pflügen im Bereich dieser Plätze große, einen bis drei Zentner schwere Eisenschlackenklötze aus Gruben ausgebrochen und auf Ackerraine oder Abfallhaufen transportiert. In entlegenen Ödlandgebieten und alten Wäldern sind als oberirdisch sichtbare Zeugnisse der Eisenverhüttung auch Schlackenhügel mit ovalem oder unregelmäßig geformtem Grundriß von 3 bis 7 m Durchmesser und 0,3 bis gut 1 m Höhe zu finden. Alle vor- und frühgeschichtlichen Eisenschlacken unterscheiden sich von moderner Industrieschlacke vornehmlich durch ihr größeres Gewicht. Analysen bezeugen eindeutig, daß diese Schlacken Abfallprodukte der Verhüttung von Raseneisenerzen in Rennfeuern sind. Sie enthalten vielfach noch relativ hohe Anteile von etwa 40 bis 60 % Eisensalz[1].

Die Kartierung der Eisenschlackenfundplätze zeigt eine auffällige Konzentration in den breitgefächerten Wassereinzugsgebieten der größeren Auen und Flüsse auf dem breiten Geestrücken, der sich zwischen der Jungmoräne im Osten und der Altmoräne im Westen in Nordsüdrichtung durch Schleswig-Holstein hinzieht[2]. Auffällig dicht besetzte Fundkomplexe liegen in Holstein am oberen Alstergebiet, im weiten Umkreis um die Stadt Neumünster und südlich von Rendsburg. Im Landesteil Schleswig ist die gesamte Geestfläche im Bereich der oberen Treene sowie der Lecker und Wiedau ein fast geschlossener Komplex mit Eisenschlackenfundplätzen (Abb. 74).

Die Lage der von K. Fiege[3] kartierten Raseneisenerzvorkommen in Schleswig-Holstein deckt sich im auffälligen Maße mit der Verbreitung der Eisenschlakken. Die meisten Spuren erhaltener bzw. untersuchter Verhüttungsplätze befinden sich in unmittelbarer Nähe der Erzlager auf hohen, sandigen Geesträndern neben den eiszeitlichen Entwässerungsrinnen, in deren humosen und moorigen Niederungen die Raseneisenerze entstanden oder ehemals vorhanden gewesen sind.

Jüngere, vornehmlich mittelalterliche Verhüttungsplätze finden sich auf Sandkuppen, die in weite, häufig noch in jüngster Vergangenheit stark vernäßte Niederungen eingestreut sind. Zahlreiche Eisenverhüttungsanlagen sind in den oberen Teilen durch die Kultivierung der Heideflächen und landwirtschaftliche Nutzung der Geestflächen zerstört worden. Trotzdem ermöglichten es Ausgrabungen in Gebieten mit auffallend starken Humusaufträgen und in einigen in Ödlandgebieten bewahrten Reservaten, eine ausreichende Übersicht aller wesentlichen technischen Anlagen für die einheimische Eisenverhüttung zu gewinnen. Dazu gehören die Rennfeueröfen sowie die in ihrer Nähe angelegten Ausheizherde und schlichte Schmiedegruben, ferner Amboßplätze, Röstplätze und Meiler verschiedener Form und Größe.

Die geläufigste Form der Rennfeueröfen sind Schachtöfen mit Herdgruben (Abb. 75). Über einer in den anstehenden Boden eingetieften, kesselförmigen bis steil konischen Grube von durchschnittlich 0,7 m Tiefe und 0,5 bis 0,6 m Breite ist aus sandigem Lehm ein gut 1 m hoher, schornsteinartiger Schacht errichtet worden, von dem im allgemeinen nur Spuren in der Randzone der Grube erhalten geblieben sind. Aus typischen Varianten in der Schichtung der Grubenfüllung lassen sich wichtige Hinweise für die funktionelle Deutung der Gruben gewinnen. Die Hälfte bis etwa zwei Drittel der Grubenfüllung besteht aus kohliger Erde, die mit traubig zerflossenen Schlackenstücken von Kinderhand- bis Doppelfaustgröße durchsetzt ist. Auf dem Grubengrund liegen häufig Holzkohlestücke. In besonderen Fällen kann die Struktur schräg oder senkrecht gestellter Holzkohlescheite bestimmt werden. In der oberen Zone der Gruben sind kohlige

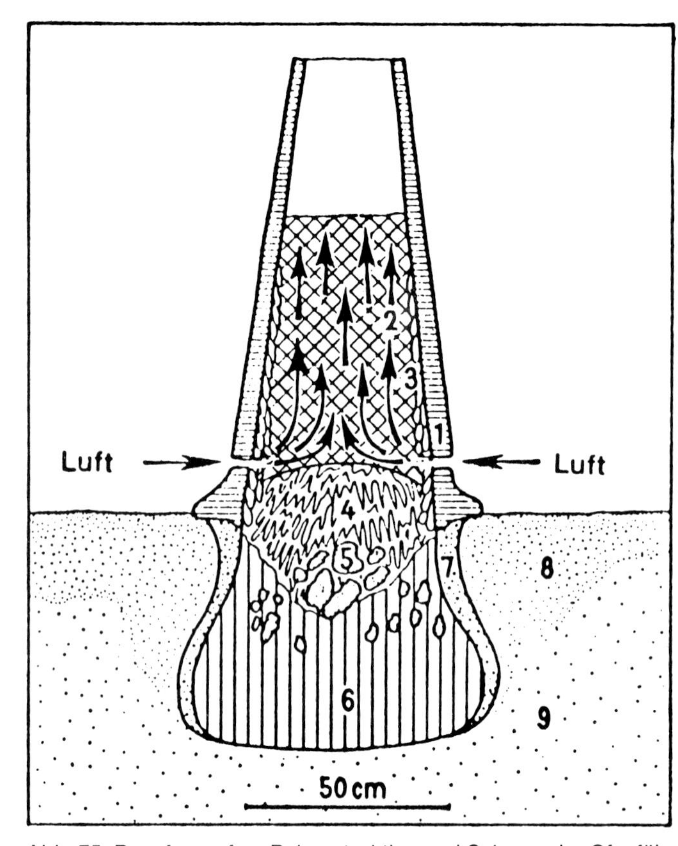

Abb. 75: Rennfeuerofen, Rekonstruktion und Schema der Ofenfüllung am Ende des Brennvorganges. 1: Ofenmantel; 2: Gemenge aus Holzkohle, Eisenschlacke und Erz; 3: Mantelschlacke; 4: Ofensau mit eingeschlossenen Eisenstücken; 5, 6: Holzkohle mit Schlackenstücken durchsetzt; 7: ausgeglühter Sand; 8, 9: anstehender Sand, bei 8 stark podsoliert

Erde, Lehmbröckchen, verziegelte Lehmstücke und vornehmlich kantig zerschlagene Schlackenstücke unregelmäßig miteinander vermischt. Offensichtlich sind diese Bestandteile in einen ausgeräumten Teil der Grube hineingeworfen worden. Seltener liegt über einer kohligen Grubenfüllung ein bizarr in die kohlige Erde der unteren Grube eingeflossener kompakter oder auch mehrschichtiger Schlackenklotz, dessen obere, zur Schachtöffnung hinweisende Fläche im allgemeinen leicht, gelegentlich kräftig eingedellt ist. Die Luftzufuhr in diesen Schachtöfen erfolgte nach Beobachtungen an Wandstücken, die im Abraum ausgeräumter Herdgruben erhalten waren, und nach Versuchen durch einige in 8 bis 10 cm Höhe über dem Erdboden in dem Lehmzylinder angebrachte Luftlöcher. Blasebälge sind zum Betrieb dieser Öfen nicht erforderlich gewesen (vgl. den Ofen von Scharmbeck, Abb. 81).

Auf flachen Sandhorsten in feuchten Niederungen haben Rennfeueröfen anderer Bauart Verwendung gefunden. Mit Rücksicht auf den hohen Grundwasserstand war es unmöglich, in Herdgruben unter einem Schachtofen eine Glutschicht zu schaffen bzw. zu unterhalten. Deshalb sind an diesen Plätzen flache Gruben ausgehoben und mit Lehm sowie Feldsteinen als Grundisolation gefüllt worden. Darauf wurde ein breitkonischer Schachtofen errichtet (Abb. 76). Auf höher gelegenen Sandkuppen konnte auf diese Grundisolation verzichtet und der Schachtofen unmittelbar auf dem von der Humusdecke befreiten Sand angelegt werden. Nach Befund erhaltener verziegelter Lehmwände oder Wandschlackenstücke dürften auch diese Öfen im Durchschnitt Höhen um 1 m kaum wesentlich überschritten haben. Vor den Öfen befinden sich immer flache, mit kohliger Erde gefüllte Eintiefungen bzw. führen vom Ofenfundament durch den hellen Sand schmale, mit kohliger Erde gefüllte Rinnen zu einer etwa 0,5 bis 1 m vor dem Ofen liegenden, mit kohliger Erde gefüllten Mulde.

Verständlich werden diese Grabungsbefunde von Schachtöfen mit Herdgruben und von freistehenden Öfen durch einige Angaben über den Ablauf des Verhüttungsprozesses im Rennfeuer. Die physikalisch-chemischen Analysen für die Klärung des Verhüttungsvorgangs im Rennfeuer hat für Schleswig-Holstein R. Schürmann von der Bergakademie Clausthal-Zellerfeld durchgeführt[4].

In unserem Zusammenhang interessieren einige für alle Rennfeuer typische Befunde: In die Holzkohleglut eines vorgeheizten Rennfeuerofens werden durch die obere Öffnung des Ofens, die Gicht, schichtweise kleingeschlagenes und geröstetes Raseneisenerz und Holzkohle geschüttet. Bei Temperaturen zwischen 1050 und reichlich 1150 °C kristallisieren die in Schweißglut befindlichen, im oberen Ofenteil aus Erzen reduzierten Eisenmoleküle in einen zähflüssigen Schlackenbrei, der sich aus den Beimengungen des Erzes gebildet hat, zu kleinen Eisenklümpchen, ohne

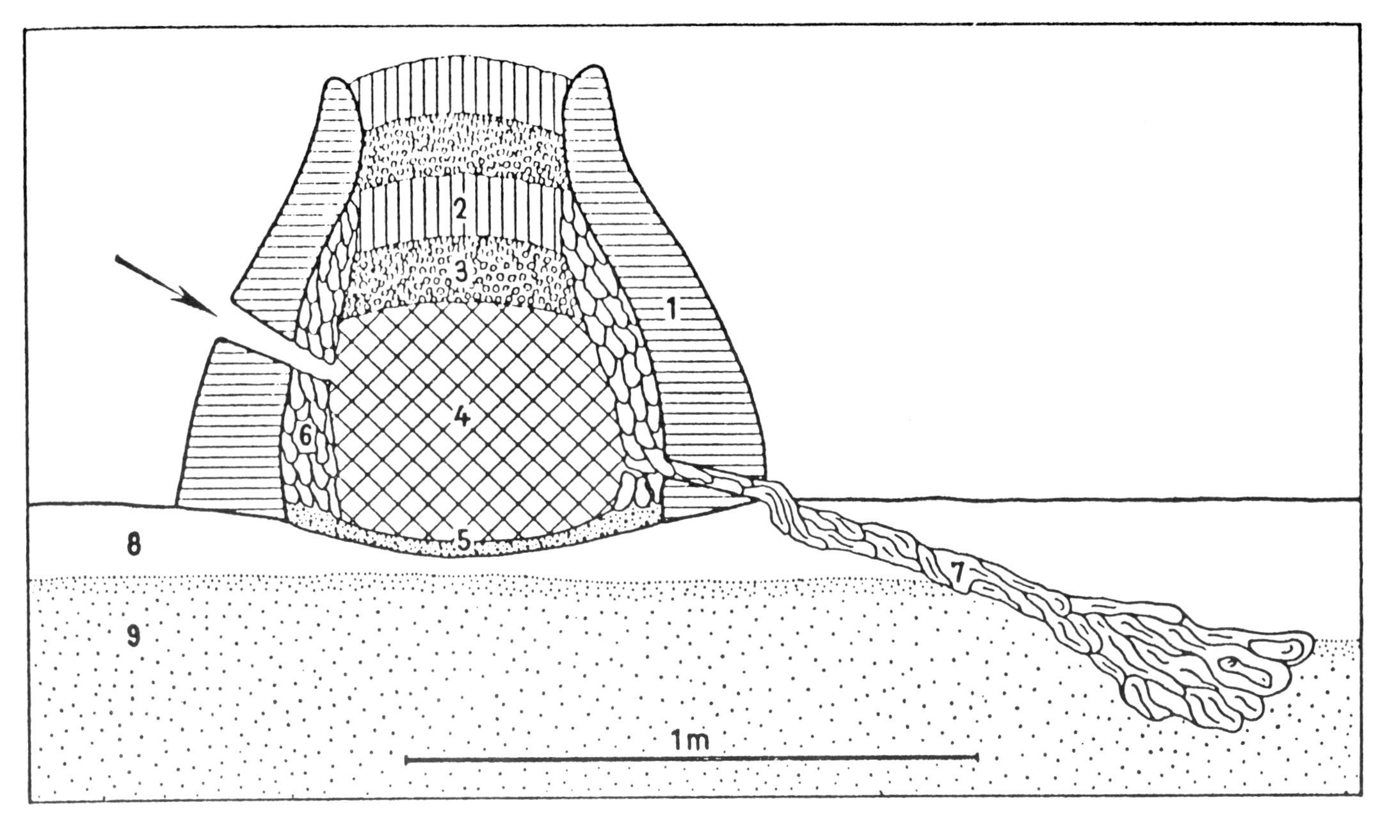

Abb. 76: Stits, Kr. Rendsburg. Rennfeuerofen, Rekonstruktion und Schema der Ofenfüllung; 1: Ofenmantel; 2, 3: Schichten von Holzkohle und Erz; 4: Ofensau, Eisenstücke einschließend; 5: kohliger Sand; 6: Mantelschlacke; 7: Laufschlacke; 8: Bleichsand; 9: leicht kiesiger Sand

selbst in den flüssigen Aggregatzustand einzutreten. Die Eisenteilchen sammeln sich vornehmlich in den oberen Zonen des Schlackenbreies, der sich im unteren Teil des Ofens gebildet hat und im allgemeinen zum größeren Teil in die in die Erde eingetiefte Herdgrube hineinreicht (Abb. 75, 4). Um das Reduzieren und Kristallisieren des Eisens im Ofenfeuer aufrechterhalten zu können, muß ein Teil der Schlacken laufend abfließen bzw. abtropfen können. Das geschieht in Rennfeueröfen mit Herdgruben automatisch. In freistehenden Rennfeueröfen muß der Schmied von Zeit zu Zeit Vorsorge treffen, daß durch ein in die Ofenwand gestoßenes Loch Schlacke ausfließen kann. Die Schlacken sammeln sich in der vor dem Ofen angelegten Mulde (Abb. 76, 7). Häufig werden mehrere Schlackenfladen wabenförmig übereinandergeschichtet gefunden.

Nach Beendigung des Rennfeuerprozesses muß der Ofenmantel aufgebrochen werden, um die stark mit reinem Eisen angereicherten Luppenstücke aus dem Schlackenklotz herausschlagen zu können. Die aus dem Ofen abgeflossenen Laufschlacken und die nach dem Aufbrechen des Ofens anfallenden Bruchstücke der zerschlagenen Schlackenklötze aus dem Ofen sind bei freistehenden Öfen neben dem Ofenfundament auf Halden mit rundem, ovalem oder sichelförmigem Grundriß aufgeschichtet worden. Die im Rennfeuer gewonnenen Eisenluppen waren noch nicht schmiedbar. Erst durch wiederholtes Erhitzen auf

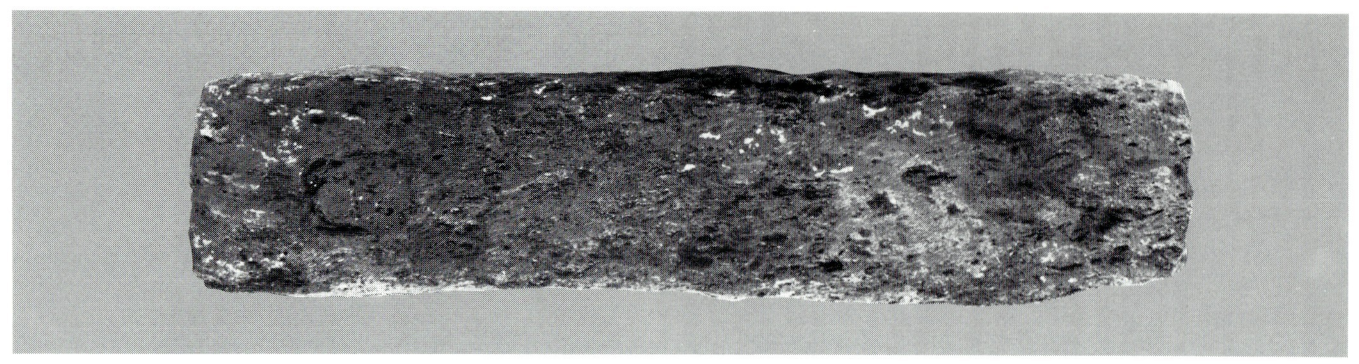

Abb. 77: Flensburg-Kluesries. Eisenbarren, ca. 13 cm lang

Schweißglut in Ausheizherden und Schmieden auf Steinambossen wurden die in den Luppenstücken enthaltenen Schlacken nach und nach bis auf geringe Spuren mechanisch herausgepreßt und dabei gleichzeitig die Eisenstücke zu größeren Barren im Schmiedeschweißverfahren zusammengefrittet (Abb. 77).

Eine gute Übersicht über Größe, Struktur und Verteilung der vorgeschichtlichen Verhüttungsplätze vermitteln zahlreiche Beobachtungen und Untersuchungen aus den Rand- und Neubaugebieten im Westen, Osten und Nordosten der Stadt Neumünster[5]. Auf relativ begrenztem Raum sind in diesem Gebiet an den Randzonen der Niederungen von Schwale, Stör und ihren Zuflüssen offensichtlich immer wieder Verhüttungsplätze angelegt worden, ehe im Durchschnitt 0,4 bis 0,6 m dicke Humusschichten entstehen konnten (Abb. 78). Gute Einblicke in die Struktur der Arbeitsplätze sind bei Ausgrabungen im Ortsteil Tungendorf am Oberjörn gewonnen worden. Im Zentrum eines Arbeitsplatzes sind regelmäßig mehrere paarig oder in Gruppen geordnete Herdgrubenöfen vorhanden. Etwas abgesetzt von ihnen liegen eine Gruppe von Ausheizherden verschiedener Form und Größe sowie kleinere Schmiedefeuer in unregelmäßiger Streuung. Zwischen Ausheizherden und Rennfeueröfen war in einer flachen Erdmulde ein Steinamboß mit leicht konkav eingewölbter Oberfläche aufgestellt worden. Im Umkreis um die genannten Plätze sind zahlreiche flachgeböschte Grubenmeiler von unterschiedlicher Größe angelegt worden. Nur einmal wurde eine Röstgrube aufgedeckt. Auf dem Grunde dieser im Grundriß breitovalen, etwa 1 m tiefen Grube war eine unregelmäßig geschüttete Steinpackung vorhanden. Zwischen den Steinen befanden sich außer kohliger Erde kleine Erzbröckchen. Am Rande der Grube lag ein Steinpflaster in rostigbräunlicher Erde. Die Verfärbung weist das Pflaster als Stapelplatz für geröstetes Raseneisenerz aus.

Gleiche technische Anlagen sind auch im Bereich von Verhüttungsplätzen nachgewiesen worden, in denen vornehmlich mit Rücksicht auf die Untergrundverhältnisse freistehende Rennfeueröfen benutzt worden sind. Als Beispiel für kennzeichnende Befunde dienen Ausgrabungsergebnisse aus Verhüttungsplätzen in Harrislee, Kreis Flensburg[6]. Durch den Bau der Umgehungsstraße Flensburg wurden mehrere, nahe beieinanderliegende Schlackenhügel gefährdet. Nach dem Entfernen der Humusdecke wurden neben den Schlackenhalden regelmäßig mehrere, in Gruben angelegte, im Grundriß rundliche Isolationsfundamente für freistehende Rennfeueröfen aufgedeckt. Die Gruben füllte eine 0,2 bis 0,4 m dicke Schicht aus verziegeltem Lehm, in den doppelfaust- bis kopfgroße Steine eingepackt waren. Im Kern der Lehmschicht zeigten ein dunkler Fleck oder kesselförmig abgesetzte Wandschlackenstücke die Lage des Ofenzentrums an. Darum zog sich ein 0,3 bis 0,5 m breiter Ring, dessen Färbung von innen nach außen von Dunkelziegelrot bis Gelbgrau abflachte. In der Nähe der Halden wurden weiterhin Röstplätze, Erz- und Kohlestapelplätze aufgedeckt. Im Bereich größerer Halden lagen zwei bis vier, neben kleinen Halden nur ein Ofenfundament.

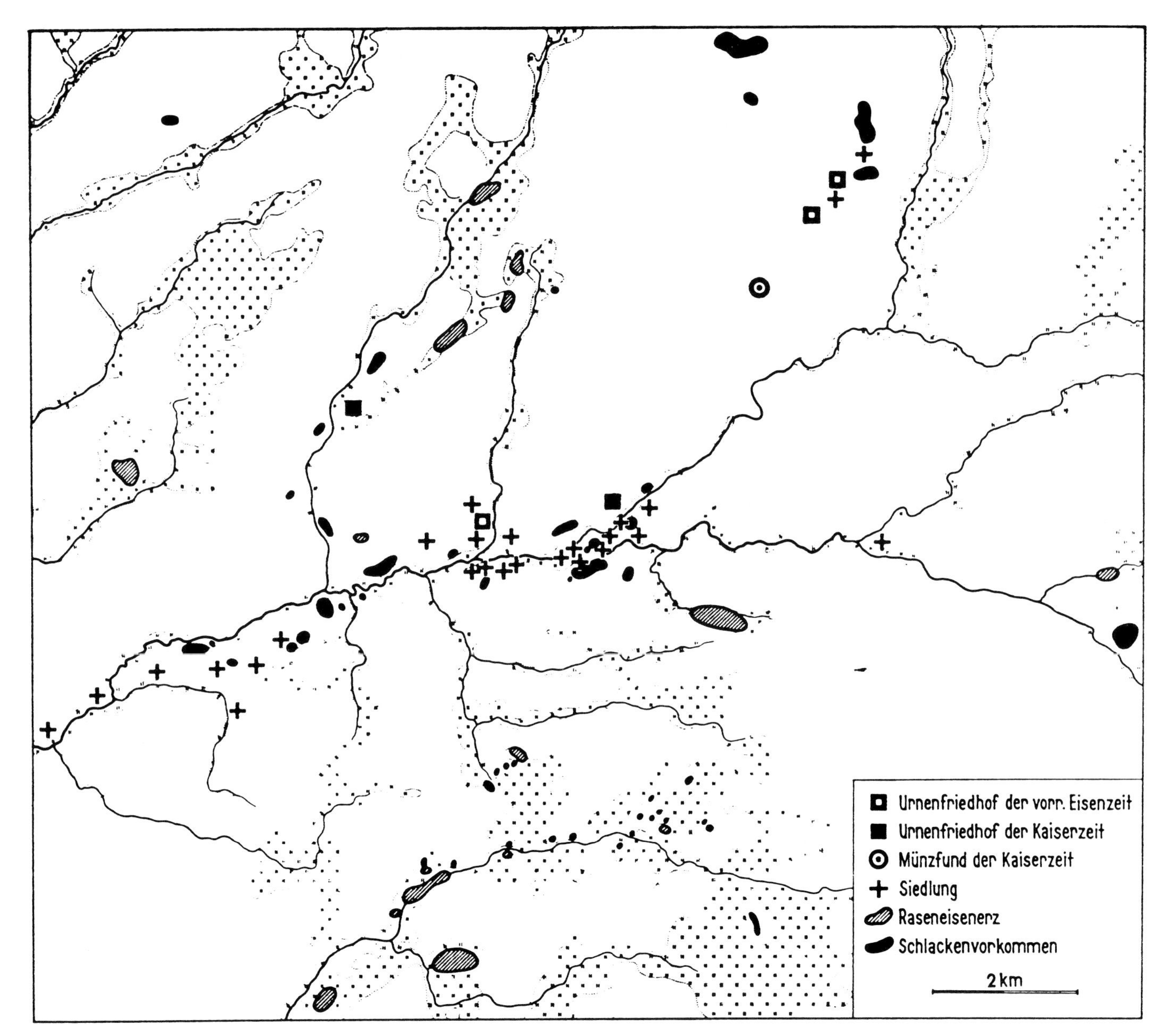

Abb. 78: Vorgeschichtliche Eisenverhüttungs- und Siedlungsplätze in Tungendorf-Oberjörn im nordöstlichen Bereich der Stadt Neumünster in Mittelholstein

Einen besonders instruktiven Einblick in den Aufbau eines vorgeschichtlichen Eisenverhüttungsplatzes erbrachte die Untersuchung auf dem Auberg in Süderschmedeby, Kreis Schleswig-Flensburg. Ob die Überlieferung des Namens Schmedeby, Schmiededorf, bis in die Vorzeit zurückgeführt werden kann, muß unentschieden bleiben. Mit Sicherheit ist die Zahl der Eisenverhüttungsplätze in Süderschmedeby auffallend groß. Der sog. Auberg ist eine Geländenase, die sich vom hohen Ufer der Treene bis weit in die Niederung vorschiebt, in der gegenwärtig noch Raseneisenerze gefunden werden. Durch eine Einengung des Tales

Abb. 79: Süderschmedeby, Kr. Flensburg. Aufsicht auf Ausschnitt des Eisenverhüttungs- und Schmiedeplatzes auf dem Auberg. Mitte: Amboßstein; rechts: Halde mit Eisenschlackenbrocken; Randzone links und oben: Grundisolationen aus verziegeltem Lehm, Reste zerstörter Rennfeueröfen

liegen am Auberg besonders günstige Verhältnisse für einen Windstau vor. Die West- und Nordwesthänge der Moränennase des Auberges sind mit dicken Schichten kohliger Erde, Eisenschlacken und verziegeltem Lehm bedeckt. Auf der Randzone der so entstandenen Terrasse liegen in Abständen von 2 bis 3 m die Fundamente freistehender Rennfeueröfen verteilt (Abb. 79). Im Zentrum des etwa 20 m Durchmesser aufweisenden Platzes befindet sich ein großer, quaderförmiger Amboßstein von gut 0,8 m Durchmesser. Der Fuß des Steines ist sorgfältig mit Spaltstücken verkeilt (Abb. 80). Zwischen Amboßstein und den Fundamenten der Rennfeueröfen wurde eine große, mit kohliger Erde gefüllte Schmiedemulde aufgedeckt. Eine große Schlackenhalde aus vornehmlich größeren Schlackenbrocken lag ostwärts des Amboßsteines. Nach Süden hin schloß sich an den Arbeitsplatz eine künstlich geschaffene Terrasse an. Der Platz reichte für die Anlage eines durch Pfostenreihen belegten Hauses und wahrscheinlich auch einer gartenartigen Fläche. Darüber hinausgehend belegten einige Urnengräber aus den ersten Jahrhunderten n. Chr., daß der Schmiedeplatz am Auberg über lange Zeit als Arbeitsplatz vorgeschichtlicher Schmiede gedient hat.

Die ältesten Datierungshinweise (um 500 bis 300 v. Chr.) kennen wir nur aus Holstein. Bemalte Gefäße und Verzierungsmuster, die auf Verbindungen zum hallstättischen und lausitzischen Kulturbereich hinweisen[7], sind nur bei mittelholsteinischen Verhüttungsrevieren gefunden worden. Sie begründen die These, daß aus einem der genannten Kulturbereiche, in denen die Technik der Eisenverhüttung bereits früher bekannt war und beachtliche Leistungen des Schmiedehandwerks vorliegen, mit Beginn der vorrömischen Eisenzeit wahrscheinlich wandernde Handwerker nach Holstein gekommen sind. Daß sie im Norden Tongefäße im Stil ihrer Heimat formten und verzierten, kann nicht überraschen. Die bemessene Zahl dieser Sonderformen unter den Urnen, die regelmäßig auch nur in begrenzten Bezirken der Urnenfriedhöfe liegen, können als Indiz dafür gelten, daß zunächst nur wenige Handwerkerfamilien in den Norden kamen und hier anstehende Raseneisenerze verhüttet haben. Während der jüngeren vorrömischen Eisenzeit verlagert sich das Schwergewicht der Datierungshinweise für die Eisenverhüttung in das südholsteinische Verhüttungsgebiet. Um Christi Geburt breiten sich Erzabbau und Eisenverhüttung in die mittelschleswigsche Geest aus. Kaiser- und völkerwanderungszeitliche Fundplätze sind etwa zu gleichen Teilen aus Holstein und Schleswig bekannt.

Anhaltspunkte für die Klärung der Bedeutung und der Eingliederung des Hüttenhandwerks in das Wirtschaftsgefüge der Eisenzeit vermitteln uns wiederum kennzeichnende Merkmale in der Verteilung der Eisenschlackenvorkommen in Schleswig-Holstein (s. Karte Abb. 74). Die in den Rennfeuern und Ausheizherden anfallenden Verhüttungsschlacken umsäumen die Erzlagerstätten auf dem Mittelrücken Schleswig-Holsteins in einer Dichte, die auf den Verbreitungskarten nur angedeutet werden kann. In den Siedlungskammern der Jungmoräne im Osten, der Altmoräne, an den Marschrändern wie auf den Warften der Marsch sind in gleicher Weise Garschlackenstücke gefunden worden wie auf allen Nordfriesischen Inseln. Diese zufällig aufgelesenen oder bei Ausgrabungen geborgenen Schlacken stammen aus flachmuldigen Herdanlagen, in denen ähnlich wie im Ver-

Abb. 80: Süderschmedeby, Kr. Flensburg. Steinamboß auf dem Schmiedeplatz auf dem Auberg

hüttungsrevier schlackenreiche Luppen weiterverarbeitet worden sind. Auf dem Grunde der Schmiedeessen in den Siedlungen sammeln sich nach längerem Gebrauch tellerförmige, mit Sand verkrustete Schlakkenkuchen. Diese Schmiedeschlacken aus den eisenzeitlichen Wohnplätzen, die durch Pflug und Egge auf die Ackeroberfläche gerissen werden, überziehen die Hauptsiedlungsgebiete Schleswig-Holsteins mit einem lockeren Netz von Fundpunkten.

Der Gedanke, diese klare räumliche Trennung von Verhüttungs- und Siedlungsschlacken als Auswirkungen einer Seter-Wirtschaft zu interpretieren[8], wie es aus historischer Zeit bekannt ist, liegt nahe. Eine vorsichtige Deutung empfiehlt sich aber aufgrund der teilweise beachtlichen räumlichen Entfernungen zwischen Verhüttungszentren und Siedlungen. Es ist schwer vorstellbar, daß z. B. von den Nordfriesischen Inseln, die nach neuesten Forschungen durch eine schwer begehbare Sumpf- und Bruchwaldlandschaft vom Festland getrennt gewesen sind[9], alljährlich Schmiede, etwa im Herbst und Winter, in die Erzgebiete gewandert sein sollen, um für längere Zeit im Rennfeuer Luppen für die Herstellung von Werkzeu-

Abb. 81: Scharmbeck, Kr. Harburg. Teilweise restaurierter Schacht eines Rennfeuerofens (nach W. Wegewitz)

gen und Gebrauchsgerät aus Eisen in ihren Siedlungen zu gewinnen. Dies trifft ebenso für die weit entfernt liegenden Siedlungsgebiete in der ostholsteinischen Jungmoräne zu wie für Schmiede, die gar von den Ostseeinseln hätten kommen müssen. Überzeugendere Argumente lassen sich durch Beobachtungen aus Urnenfriedhöfen gewinnen, die in unmittelbarer Nähe der Verhüttungszentren im Mittelrücken angelegt worden sind. Im Zuge einer weiträumig nachweisbaren Siedlungsumschichtung werden im Verlaufe der letzten beiden Jahrhunderte v. Chr. die leichteren Böden auf der Geest im Mittelrücken des Landes als Siedlungsflächen weitgehend aufgelassen. Neue Siedlungsschwerpunkte weiten sich in den Siedlungskammern der Alt- und Jungmoräne und an den Marschrändern aus[10]. Die Marschflächen werden erstmalig mit Flachsiedlungen besetzt, auf denen später Warften entstehen[11]. Trotz dieser Verlagerung der eisenzeitlichen Wohn- und Wirtschaftsflächen bleiben in den Eisenverhüttungszentren dauernd bewohnte Siedlungen erhalten, in denen zweifellos in umfangreichem Maße Eisen verhüttet worden ist. Solche

Zentren liegen z. B. in Süderschmedeby und auf dem Neumünsteraner Sander vor. In unmittelbarer Nähe dieser Verhüttungsgebiete sind sicherlich nicht zufällig mehrfach in die Steinsetzungen der Urnengräber Eisenschlackenstücke eingefügt oder auch Eisenschlacken oder Luppenstücke als Beigaben in die Gräber gelegt worden (vgl. Abb. 74). Die Sitte, die Gräber von Schmieden durch die Beigabe von Werkzeugen zu kennzeichnen, ist in Schleswig-Holstein weder in vor- noch nachchristlichen Jahrhunderten üblich gewesen[12]. Trotzdem können wir die durch Schlacken gekennzeichneten Gräber aus Urnenfriedhöfen in Verhüttungsrevieren oder ihrer unmittelbaren Nähe wohl als weiteres Argument für die Annahme anführen, daß wir in den kaiserzeitlichen Verhüttungsrevieren die Vorläufer von Gewerbezentren suchen dürfen, in denen die Eisenverhüttung die wesentliche Erwerbsgrundlage gewesen sein muß.

In dieses Bild fügt sich ausgezeichnet die Feststellung von K. Fiege, daß in der Nähe der kaiserzeitlichen Verhüttungsreviere auf dem Neumünsteraner Sander gute Raseneisenerze, die nach der Morphologie der Landschaft zu erwarten gewesen wären, nicht mehr vorhanden sind[13]. Die untersuchten Raseneisenerze aus diesem Bereich enthalten vorwiegend nur geringwertige Erze, deren Eisengehalte vielfach unter denen der aus den Verhüttungsplätzen gefundenen Eisenschlacken liegen[14]. Die guten Erze sind somit bereits von vor- und frühgeschichtlichen Rennfeuerschmieden gebrochen und verarbeitet worden.

ANMERKUNGEN

1. Oelsen, W./Schürmann, E.: Untersuchungen alter Rennfeuerschlacken, in: Archiv f. Eisenhüttenwesen, 25, 1954, S. 509, Taf. 1.
2. Hingst, H.: Die vorgeschichtliche Eisengewinnung in Schleswig-Holstein, in: Offa, 11, 1952, S. 28 ff., Abb. 2a; vgl. auch ders. in: Stahl u. Eisen, 77, 1957, S. 162 ff., Abb. 1—2.
3. Fiege, K.: Die Raseneisenerze Schleswig-Holsteins, in: Neues Jb. f. Mineralogie, 1950, S. 219 ff.
4. Schürmann, E.: Die Reduktion des Eisens im Rennfeuer, in: Stahl u. Eisen, 78, 1958, S. 1297 ff.
5. Hingst, H.: Vorgeschichtliche Eisenverhüttungsplätze auf dem Neumünsteraner Sander, Köln 1970 (= Fundamenta. Monographien z. Vorgesch. A. 2), S. 423 ff.
6. Ders.: Ein Eisenverhüttungsrevier im Staatsforst Flensburg, in: Siedlung, Burg und Stadt. Dt. Akademie d. Wiss. zu Berlin. Schrift. d. Sektion f. Vor- u. Frühgesch., 25, 1969, S. 423 ff.
7. Ders.: Jevenstedt, ein Urnenfriedhof der älteren vorrömischen Eisenzeit, Neumünster 1974, S. 58 ff.
8. Hougen, B.: Fra seter til gård, Oslo 1947, S. 18 ff., 26 ff.; Martens, J.: Jernvinna i Norge, in: Techn. Ukeblad, 115 (17), 1968, S. 368 ff.; ders.: En jernproduserende fjellbygd før Svartedanden, in: Viking, 36, 1972, S. 83 ff.
9. Bantelmann, A.: Landschaftsentwicklung an der schleswig-holsteinischen Westküste, Neumünster 1967, S. 73, 88, 93.
10. Hingst, H.: Karten zur Besiedlung Schleswig-Holsteins in der vorchristlichen Eisenzeit und älteren Kaiserzeit, in: Archaeologica Geographica, 3, 1952, S. 13 ff.
11. Bantelmann, A.: Tofting einer vorgeschichtlichen Warft an der Eidermündung, Neumünster 1955, S. 77 ff.; Dittmer, E.: Geologisch-vorgeschichtliche Untersuchungen in der Haseldorfer Marsch, in: Offa, 2, 1937, S. 89; Haarnagel, W.: Untersuchungen von Marschensiedlungen in Schleswig-Holstein, in: Nachrichtenblatt f. Dt. Vorzeit, 11, 1935, S. 249; ders.: Die frühgeschichtlichen Siedlungen in der schleswig-holsteinischen Elb- und Störmarsch, insbesondere die Siedlung Hodorf, in: Offa, 2, 1937, S. 31 ff.
12. Müller-Wille, M.: Der frühmittelalterliche Schmied im Spiegel skandinavischer Grabfunde, in: Frühmittelalterl. Studien. Jb. d. Inst. f. Frühmittelalterforschung d. Univ. Münster, 1977, S. 148 ff., 164.
13. Fiege (1950), Karte S. 221 u. 234 f., Nr. 24—28.
14. Ebd., S. 219; Oelsen/Schürmann (1954), S. 509, Taf. 1, Nr. 49—58.

Otto Kleemann

Römerzeitliche Eisengewinnung in der Ahr-Eifel

Im Jahre 1958 begann das Institut für Vor- und Frühgeschichte der Universität Bonn ein Forschungsunternehmen, das bis zum Jahre 1965, also sieben Jahre hindurch, fünf Jahre davon sehr intensiv, an einer besonderen Fundstelle betrieben wurde. Begonnen als eine örtliche Lehrgrabung im Ahrweiler Stadtwald, weitete sich die Arbeit bald über das Gebiet der nächstbenachbarten Gemarkungen und schließlich über den Bereich des ganzen Kreises Ahrweiler aus. Im Jahre 1965 wurde die Forschung unterbrochen, um erst einmal die ergrabenen Materialien und die erreichten Ergebnisse zu veröffentlichen. Die inzwischen veränderten und der wissenschaftlichen Arbeit nicht gerade zuträglichen Verhältnisse an den Universitäten haben dies bisher verhindert, so daß bis auf einige nachrichtliche Notizen noch nichts in die wissenschaftliche Literatur gekommen ist.

Aus den verschiedenen örtlichen Beobachtungen und Entdeckungen im Bereich des Ahrweiler Stadtwaldes ergab sich der Eindruck, daß ein Gebiet gefunden sei, in dem sich endlich einmal Sicherheiten und solide Feststellungen über die frühgeschichtliche Eisenproduktion im besonderen für das Rheinland gewinnen ließen. Allgemeine Behauptungen, Andeutungen, wenig klare Folgerungen und auch nur verbindlich erscheinende Feststellungen gibt es nicht wenige; sie waren zudem oft mit großer Überzeugtheit vorgetragen. Hier waren aber klare Beweise zu gewinnen, wenigstens für die provinzialrömische Zeit von Christi Geburt bis gegen das Ende des 4. Jahrhunderts. Eine ältere, vorgeschichtliche wie auch die spätere mittelalterliche Nutzung dieses Geländes für die Eisengewinnung ließen sich sogar ausschließen. Diese sichere Feststellung bot jedenfalls genügend Anreiz für ein Universitätsinstitut, auf dem — zeitgemäßen — Gebiet der wirtschaftshistorischen Forschung ausgrabend tätig zu werden.

Es ist hier nicht der Platz, über die weitläufigen Kleinarbeiten zu berichten, die mit solch einem Arbeitsunternehmen verbunden sind: eine neue kartographische Aufnahme des ganzen Gebietes, eine ausgedehnte Aufmessung im 5-cm-Nivellement an einer besonders ausgesuchten Stelle, die grabungstechnischen Bemühungen bis hin zu den verwaltungsmäßigen Aufgaben. Wohl aber ist auch hier Gelegenheit, zu danken allen denen, die geholfen haben, von den Studenten jener Jahre angefangen, vor allem aber gewiß dem Verein Deutscher Eisenhüttenleute und der damaligen Arbeitsgemeinschaft für Forschung in Düsseldorf, die wesentliche Zugaben gemacht haben. Im folgenden sollen die Ergebnisse in einem gewissen Umfange, wenn auch sehr stark resümiert, vorgetragen werden. Dabei soll vor allem von der einen größeren Ausgrabungsstelle berichtet werden, aber dann doch auch etwas weiter ausgegriffen.

Schon die nivellementmäßige Aufnahme des besonders hochgewerteten einen Platzes hatte gezeigt, daß hier eine größere Ansiedlung vorliegt. Sie war sichtlich zweimal, wie sich später erkennen ließ sogar dreimal ummauert gewesen. In ihr liegen, deutlich erkennbar, gleichmäßig verteilt drei größere Schlackenhügel gewissermaßen als die Kernstücke von drei Arbeitsgruppen mit ihren Häusern, die sich z. T. wenigstens sehr gut auf der Oberfläche abhoben. Diese ersten Entdeckungen bestätigten sich im Laufe der Ausgrabung aufs Beste (Abb. 82). Es wurden reine Steinhäuser, einräumig und mehrräumig, festgestellt. Einräumige Häuser waren auch aus Holz gebaut, und sie, aber auch einzelne der gleichgroßen Steinhäuser, dienten als Wohnungen; Herd und Schlafnische waren deutlich markiert. Die mehrräumigen Häuser waren durchweg Werkstätten. Hier lagen die Ofenstellen: Schmelzöfen und Ausheizöfen (Abb. 83), auch Trokkenöfen (Abb. 84), die Wasserlöschbecken. Auch weitere Einzelheiten der Einrichtung konnten festgestellt werden: Fußböden aus platten Steinen gelegt, grob gepflastert gewiß, Lehmestrich-Böden. Da alle Häuser gelegentlich abgebrannt und wiederaufgebaut waren, lagen zwischen den Böden der Brandschutt der Holzaufbauten, die Reste der Ziegeldächer und Steinmauern. Zweimal konnte sogar ein richtig

Abb. 82: Ahrweiler. Übersicht über Fundstelle 5 im Stadtwald während der Ausgrabung

umgefallenes Mauerstück wieder hochgebaut werden. Besonders gut erhalten war die Wasserversorgung. Da das ganze Berggebiet geologisch wasserarm ist, waren an dieser Stelle außerhalb der Anlage sehr sorgfältig Wassersammellöcher mit kiesgeschütteter Unterlage angelegt — für das Regenwasser. Diese Sammelbecken waren wieder durch steingedeckte und -umfaßte unterirdische Wasserleitungen mit größeren Zisternen innerhalb der ummauerten Siedlung verbunden. Außerdem waren, bei dem tonig-steinigen Untergrund gewiß notwendig, die Hauskeller drainiert und auch der Regenablauf vor den Häusern kanalisiert.

Abb. 83: Ahrweiler. Basis eines Ausheizofens

Über die Schmelzöfen ist hier nicht zu handeln. Es ist verständlicherweise nicht ein Exemplar ganz erhalten geborgen worden (Abb. 85). Bruchstücke, ein Mündungsstück etwa, sind gefunden. Aber die Ofenplätze, z. T. sehr sorgfältig in gepflasterte Stellen eingesetzt, sind gut markiert (Abb. 86). Und unverkennbar sind an diesen Stellen die Öfen mehrmals wiederaufgebaut worden, nachdem der nach drei-, vier-, fünffacher Benutzung zerbrannte Ofen abgerissen und auf die Schlackenhalde geworfen worden war, von denen immer eine Halde zu jeder Werkgruppe gehörte (Abb. 87).

Abb. 84: Ahrweiler. Plan eines ausgegrabenen Trockenofens

Der größte Raum ist immer für die Schmelzöfen reserviert, in dem auf den beiden Querseiten die Ofenplätze an der Wand nebeneinander lagen, nicht viele, drei bis vier je Raum. Erst in der späteren Zeit wurden auch danebenliegende kleinere Häuser bzw. Räume für nur einen Ofen in der Mitte des Raumes benutzt, sicherlich als die Produktion erhöht werden sollte. In den Nebenräumen lagen dann noch die Löschtöpfe, viereckig, gut gemauert und verputzt, aber auch einfache Aus-

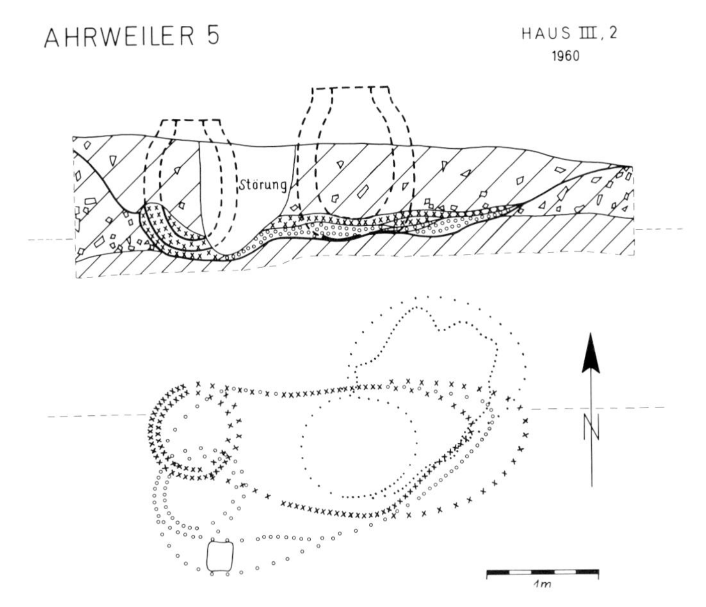

Abb. 85: Ahrweiler. Grabungsfunde und Rekonstruktion einer Schmelzofenstelle mit verschiedenen Schlackenablagerungen

führungen, aus großen Ziegeln kreisrund gefügt. Dazu gehörten dann noch die Trockenöfen (Abb. 84), die das getrocknete Holz liefern sollten, mit dem gefeuert wurde — in den Schlacken sind genügend Stücke getrockneten Holzes festgestellt worden, um der literarischen Überzeugung der Verwendung von Holzkohle entgegenzustehen, mit der das Eisen ja nur karbonisiert und spröde geworden wäre. Dazu kam dann immer noch nur der eine Schlackenhügel jeder Arbeitsgruppe, der bis zu 2 m hoch erhalten geblieben ist. Hier auf der Schlackenhalde sind von den ehemaligen Öfen vor allem die „Ofensauen" erkennbar erhalten, die in Größe und Schichtung interessante Aufschlüsse boten. Deutlich sind im Laufe der letzten beiden Jahrhunderte — 3. und 4. Jh. n. Chr. — die Öfen größer geworden von 0,60 bis auf 1 m Durchmesser (auf dem Boden). Weiter, da die Zahl der Ofenstellen, wenigstens in einer Anlage, bekannt ist, die Zerstörungsphasen im Haus wie auf der zugehörigen Schlackenhalde festgestellt werden konnten, die „Ofensauen" sich zählen ließen, besteht sogar die Möglichkeit, Annäherungswerte für die jeweils gewonnene Eisenmenge zu ermitteln.

Im ganzen handelt es sich eindeutig um eine Werksiedlung, eine industrieartige Anlage. An dieser Stelle sind drei Werkgruppen tätig gewesen, die sich zusammengeschlossen hatten. Vermutlich ist es, wie allenthalben im nordalpinen Römischen Reich, ein genossenschaftlicher Zusammenhalt. Dies jedenfalls dürfte für den älteren Teil der Benutzung der Anlage gesichert sein. Wohnhäuser und sogar die Gräber der Werkmeister und anderen Arbeiter auf einem besonderen, unweit gelegenen Friedhof sind gefunden. Gewiß, der Platz hatte seine Geschichte in den vier Jahrhunderten der römischen Zeit. In der jüngeren Zeit wurde die Gesamtanlage kleiner, die Belegung je Werksgruppe dichter. Damals hat sich die Ordnung sogar vielleicht geändert. Es ist gut vorstellbar, daß der Platz jetzt zentralistischer verwaltet wurde von einem der in der späten römischen Zeit entstandenen großen Landgüter im Ahrtal aus oder gar vom Staat, wie dies von anderen Betrieben bekannt ist.

Zur Geschichte des Platzes gehören dann auch noch die Zerstörungen, die sich z. T. aus den politisch-historischen Ereignissen ergaben. Der bekannte große

Abb. 86: Ahrweiler. Mauerwerk umfaßt die Stelle eines Schmelzofens

Abb. 87: Ahrweiler. Werkstatt in Haus I

Einbruch der Germanen-Franken in dem Jahre 256 n. Chr. und die weiteren danach sind sicherlich eine der Ursachen. Am Schluß, in den neunziger Jahren des 4. Jh., dürfte bei einer solchen Gelegenheit — nach den archäologischen Feststellungen — auch die ganze Anlage fluchtartig geräumt und nicht wieder aufgesucht worden sein — einer der Flüchtenden hat seinen Geldbeutel verloren und liegenlassen. Daß die Anlage außerdem gelegentlich auch durch Funkenflug, Unvorsichtigkeit oder ähnliche, sozusagen natürliche Anlässe in Flammen aufgegangen ist, ist leicht zu denken.

Nun liegt diese bisher am weitesten ausgegrabene, untersuchte Werksiedlung nicht allein (Abb. 88). Sie liegt an einem Weg, der vom Ahrtal nach Süden über die ganze 5 km breite Höhe hinwegführt, einem Weg, der durch Hügelgräber, die bekannte Grabform der einheimischen Bevölkerung, also hier der Anwohner, recht deutlich markiert ist. An diesem Weg liegt nun 2,5 km weiter südlich noch einmal eine solche Werksiedlung, die offenbar etwas kleiner geblieben ist. Weitere 2,5 km nach Süden folgt dann die nächste Ansiedlung. Auch nach Westen und Osten schließen sich gleichartige Siedlungsplätze an, in demselben Abstand, der vermutlich durch die provinzialrömische Sequestierung, die Landvermessung und -zuteilung, vorgegeben ist. Es scheint, daß die „Ausbreitung" dieser Siedlungen noch weiter geht und vielleicht sogar das ganze Gebiet im Kreise Ahrweiler erfaßt, in dem die geologische Voraussetzung für eine produktive Ei-

Abb. 88: Ahrweiler. Zwei Eisenschmelzersiedlungen im Stadtwald

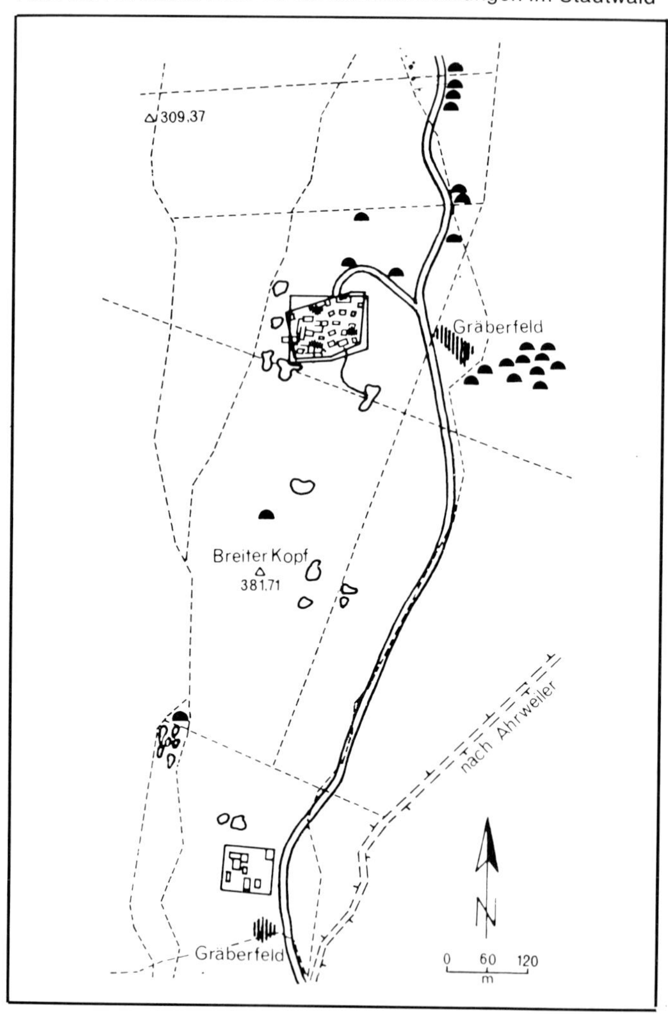

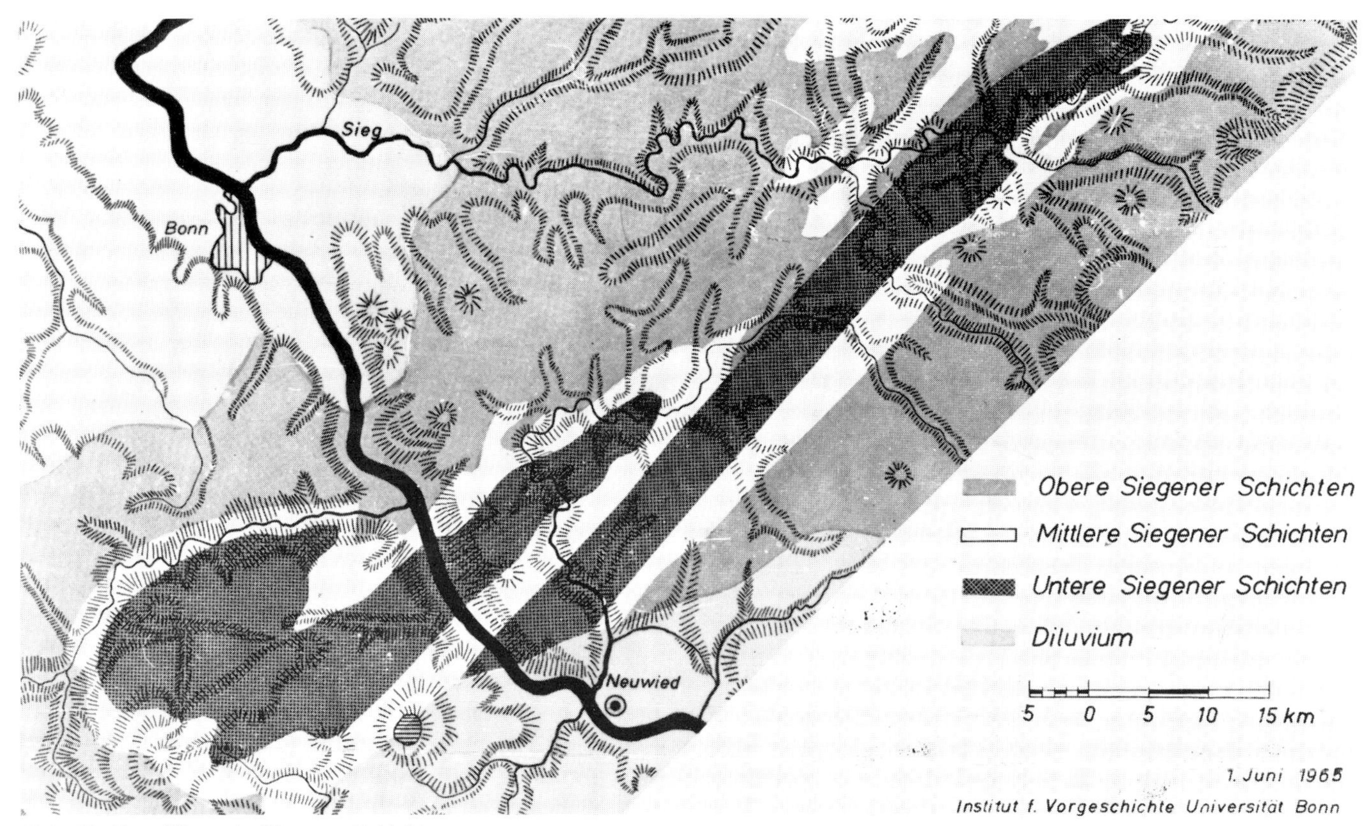

Abb. 89: Eisenführende Siegener Schichten

sengewinnung gegeben war — produktiv für jene fernen Zeiten. Denn als gegen die Mitte des vorigen 19. Jahrhunderts unternehmungslustige Erzschürfer noch einmal ihr Glück versuchten, scheiterten sie schon nach zwei bis drei Jahren; der Ertrag war für moderne Erfordernisse viel zu gering.

Die Grundlage für die vorzeitliche Eisengewinnung boten zweifelsohne die sogenannten Herdorfer Schichten, die etwa 100 km östlich des Rheins noch vor wenigen Jahren die montane Grundlage — in 800 bis 1000 m Tiefe — für die Siegerländer Eisenindustrie gebildet haben. Hier, westlich des Rheins, im Kreis Ahrweiler, traten diese eisenführenden Schichten, freilich nur noch in Resten, an die Oberfläche und haben viele 2 m bis 20 m im Durchmesser betragende entsprechend mächtige „Nester" Brauneisenerz zurückgelassen, die heute noch zu erkennen sind, aber auch an einigen Stellen als in alter Zeit ausgeschürft festzustellen waren (Abb. 89).

Der Ertrag dieser einen Fundstelle ist nicht gefunden; es sind keine Eisenbarren entdeckt worden. Auch Spuren von Werkstätten zur Verarbeitung wurden nicht beobachtet. Wohl aber konnte man analytisch ermitteln, daß die Bühnengewichte der Hebebühne in Castra Vetera (Xanten) aus Eisen gefertigt sind, das hier gewonnen worden war. Die Verwertung des hier erarbeiteten Eisens geschah sicher andernorts. Soweit man nicht an Werkstätten in Rigomagus (Remagen) denken will, wo gelegentlich der Ausgrabungen und Forschungen des Instituts die Hafenstelle für die Rheinschiffahrt entdeckt werden konnte, lagen sie vielleicht noch weiter entfernt. Jedenfalls kommen dafür bei der angefallenen Eisenmenge die örtlichen Schmieden in den Bauern-, später Landgütern — villae — im Ahrtal sicherlich nicht in Betracht.

Wilhelm Winkelmann

Schmelzofen und Eisenverarbeitung in der sächsischen Siedlung bei Warendorf (Kr. Warendorf)*

In den Jahren 1951 bis 1959 sind auf der südlichen Terrasse der Ems westlich Warendorf große Teile einer sächsischen Siedlung mit über 220 Grundrissen von kleineren und größeren Gebäuden ausgegraben worden[1]. Ausweislich der keramischen und metallenen Funde hat sie vom 6. Jahrhundert bis in die Jahre um 800 n. Chr. bestanden. Die einzelnen Gebäude sind etwa viermal erneuert oder neu errichtet worden. Aus den Grabungsflächen und den Einfüllungen der Grubenhäuser sind viele hundert Stücke von Schmiedeschlacken und „Ofensauen" geborgen worden. Sie konzentrieren sich an einigen Stellen und ließen schon früh zusammen mit der Feststellung von zwei besonderen Grundrißtypen den Werkstattplatz eines Schmiedes vermuten.

Im Jahre 1958 wurden in einer Grube in der weithin schon zerstörten östlichen Grabungsfläche Teile eines zerschlagenen Eisenschmelzofens mit anhaftenden Partien der Ofenwandung gefunden. Die Stücke ließen sich zu dem unteren Teil eines schachtartigen Schmelzofens — Rennfeuerofen — mit etwa 25 bis 30 cm Bodendurchmesser und über 20 cm hoch erhaltener, glasig-verschlackter Wandung zusammenfügen (Abb. 90)[2]. Auf einer Seite der Wandung ist ein Düsenloch erhalten. Am Grunde des Ofens liegen auf der einen Seite nach unten geflossene verschlackte Wandung, in der Mitte perliger Eisenfluß und darüber an vier Stellen dickere, faustgroße Partien zusammengeflossenen dichteren Eisens. Diese oberen, etwa 2—3 cm starken dichteren Eisenflüsse sind — wie einige Stücke erkennen lassen — wieder zu kleineren Brocken zerschlagen und erneut eingeschmolzen oder auch zu dickeren Blöcken zusammengeschmiedet worden.

Nach der Analyse handelt es sich wenigstens um zwei, wenn nicht drei Sorten Erze, von denen die eine aus manganhaltigem und phosphorhaltigem Brauneisenstein des Weserberglandes entstanden ist, die andere aus manganarmem, aber phosphorreichem Brauneisenstein, und zwei weitere aus phosphor- und manganarmem Brauneisenstein.

Die Laufschlacke eines Rennfeuers, die noch Eisenkristalle mitgeführt hat, also vom Ende des Prozesses stammt, zeigt folgende Analyse: Eiseneinschlüsse, C = 0,043, Mn = 0,25, P = Spuren. Es ist harter Stahl oder Gemisch aus weichem Eisen und hartem Roheisenähnlichem.

Weitere sechs Proben wurden untersucht:

	1	4	5	2	3	6
aus Karton	113	82	171	295	297	298
Art d. Schlacke	dichte Laufschl.	Ofensau (Herdmulde)	Ofensau	dichte Laufschlacken		
Fe	46,5	40,0	51,2	53,1	50,5	51,2
Mn	0,5	0,6	0,7	0,6	1,20	1,8
Fe + Mn	47,0	40,6	51,9	53,7	51,7	53,0
Cu	—	—	—	—	—	—
P	0,13	0,29	0,16	0,15	0,19	0,1
FeO	7,6	39,3	59,1	59,9	47,2	59,1
Fe_2O_3	53,2	12,9	7,7	9,6	19,9	7,5
MnO	0,6	0,8	0,9	0,8	1,6	2,3
SiO_2	29,1	41,0	24,8	23,6	23,0	21,1
Al_2O_3	2,5	1,3	1,2	2,6	3,3	5,6
CaO	2,5	1,8	2,5	1,2	1,8	2,0
MgO	0,9	0,8	1,0	0,6	0,7	0,8
P_2O_5	0,3	0,5	0,37	0,35	0,44	0,23
CuO	—	—	—	—	—	—
Alkalien und Fehler	3,3	1,6	2,43	1,35	2,06	1,37
Sa:	100,0	100,0	100,0	100,0	100,0	100,0

In der Analyse von Joseph Wilhelm Gilles heißt es weiter: „Es sind zweifellos Rennfeuerschlacken. Probe 4 ist eine Ofensau, die mit abgeschmolzener Mantelmasse verdünnt ist, daher der hohe SiO_2-Gehalt.

1, 2, 4 und 5 sind mit demselben Erz, einem phosphorarmen (unter 0,12 % P) und manganarmen Brauneisenstein (vielleicht auch Eisenortstein), gemacht (Erz hat ca. 0,25 bis 0,35 % Mn).

Abb. 90: Warendorf. Unterteil des Eisenschmelzofens (ca. 1:1)

3 und 6 sind mit einem manganreicheren, aber sehr phosphorarmen Erz gemacht (Erz hat etwa 0,6 bis 0,92 % Mn, unter 0,1 % P).

Vielleicht hat hier der Schmied Waffen gemacht und dazu härteres Eisen gebraucht."

Ein glücklicher Zufall hat in der Nähe des Ofens eine 8 × 20 cm große und 5 cm dicke durch Schmieden verdichtete Eisenluppe erhalten (Abb. 91). Zwei Analysen der Eisenluppe ergaben folgende Werte: C = 0,045 %, Mn = Spuren, P = 0,025 %, S = 0,13 %, Cu und Ni = – bzw. C = 0,06 %, Mn = 0,02 %, vermutlich aus den Schlackeneinschlüssen, P = 0,024 %, S = 0,012 %. Der Werkstoff ist ein weiches Eisen.

Das Gefüge ist rein ferritisch und enthält zahlreiche kleinste Schlackeneinschlüsse. Irgendwelche

Schweißnähte, die auf das Zusammenschweißen verschiedener kleiner Luppenteile schließen lassen könnten, wurden nicht beobachtet. Aus dem Gesamtquerschnitt ist jedoch zu ersehen, daß die Rennfeuerluppe nicht überall beim Schmieden verdichtet worden ist. Da das Gewicht der Hämmer vermutlich nicht groß genug war, konnten die Schmiede die anscheinend sehr große Luppe nicht genügend verdichten.

Die glatten Wände der Rückseite der Luppe lassen darauf schließen, daß diese durch einen Schrotmeißel in kleinere Stücke unterteilt wurde.

Das rein ferritische Gefüge läßt darauf schließen, daß im Rennfeuer eine niedrige Temperatur zwischen 1000 und 1200 °C vorlag, wodurch zwar eine gute Reduktion erzielt wurde, aber keine Aufkohlung des Eisenschwammes stattfand.

Es wäre nun sehr wichtig und interessant festzustellen, ob die aus dem gleichen Raum stammenden Waffen und sonstigen Geräte aus Eisen mit höherem Kohlenstoffgehalt bestehen, ob die ausgeschmiedeten Eisenteile, wie z. B. die Schwerter, aus mehr oder weniger hoch aufgekohlten Streifen zusammengeschweißt worden sind.

Die alten Rennfeuerleute waren nicht in der Lage, durch direkte Aufkohlung ein gleichmäßiges Gefüge zu erreichen und erzeugten lieber bei niedrigeren Temperaturen ein rein ferritisches Material, das nach dem Ausschmieden in Streifen je nach Bedarf mehr oder weniger, aber gleichmäßig, aufgekohlt wurde.

Aus den Warendorfer Grabungsflächen liegen etwa 700 Stücke Schlacken und Ofensauen vor. Darüber hinaus ist auch der sonstige Bestand an eisernen Geräten für eine Siedlung relativ reich. Es sind: 27 Eisenmesser, 5 Pfeilspitzen, 3 eiserne Sporen (davon einer messingtauschiert), große Stücke von Bratspießen, Löffelbohrer, Flachshechel, ein Vorschneideisen eines Pfluges (Sech), Schnallen, Feuerschlageisen, Ziehmesser, Haken, Nägel und ca. 80 kleinere Eisenstücke von schmalen Bandeisen und Geräten.

Abb. 91: Warendorf. Gehämmerte Eisenluppe (ca. 1:1)

Abb. 92: Warendorf. Grundriß der Schmieden, Haus 62 und 51

Schon der archäologische Befund spricht zusammengenommen für die Herstellung der Geräte durch in der Siedlung arbeitende Schmiede.

Wie oben erwähnt, konnten in Flächen der Schlackenkonzentrationen zwei innerhalb der Warendorfer Grundrißtypen charakteristische nebeneinanderliegende Grundrisse festgestellt werden. Es sind dies die Grundrisse: 51 und 62, 31 und 9 — und 0—15.

Aus Befund und Lage der beiden Grundrisse 51 und 62 ergab sich der erste Hinweis auf diese mögliche Interpretation: im Südteil des kleineren 3,0 × 4,5 m großen Grundrisses Nr. 51 lag eine quadratische verglühte Packung einer Brandstelle, die im Unterschied zu den Resten normaler flachmuldenförmiger, lehmverstrichener Herdstellen mit eingebackenen Graniten aus einer ebenen Fläche mit kleinen dichtgestellten Steinstücken bestand.

Hart westlich daneben lag in Ostwest-Richtung ein etwas größerer 3,75 × 6,5 m großer Pfostenbau (Nr. 62).

Die beiden Grundrisse sind wegen der Besonderheit des Befundes, nämlich der gepflasterten „Schmiedestelle" (Haus 51) und dem benachbarten Schuppen (Haus 62) zusammen mit den etwa 150 in unmittelbarer Nähe gefundenen Rennfeuer- und Schmiedeschlacken als Werkplatz eines Schmiedes anzusprechen (Abb. 92).

Der Befund — ohne erhaltene Herdstelle — wiederholt sich bei den nebeneinander liegenden Grundrissen 9 und 31 zusammen mit den in der Nähe sich konzentrierenden Eisenschlacken und zeigt sich auch im Grundriß des größeren Gebäudes in der Ostfläche der Grabung Warendorf im Haus Ost 15 zusammen mit Hunderten von Schlackenstücken.

Die bisher vorliegenden Analysen von Rennfeuerschlacken, die Analyse der zusammengeschmiedeten Eisenluppe, die Konzentration der Eisenschlacken, die charakteristischen Grundrisse und die Menge der geborgenen Eisengeräte weisen auf die Tätigkeit der Eisenverarbeitung in der Siedlung Warendorf.

Die Konzentrationen der Schlacken in den Grabungsflächen lassen erkennen, daß zu jeder Gehöftgruppe ein Schmied gehört hat, der Schmied selbst aber am Rande eines Gehöftes dieser Gruppe seinen Arbeitsplatz besaß, der im Zuge der Neuanlage der Bauten ebenfalls wechselte. Es liegt von hier aus gesehen nahe, daran zu denken, diesen Gehöften mit Schmiede eine besondere, führende Stellung innerhalb der Siedlung zuzuerkennen. Über die soziale Stellung des Schmiedes ist vom Befund her keine Aussage möglich.

ANMERKUNGEN

* Gekürzte Fassung eines Aufsatzauszuges von Winkelmann, W.: Archäologische Zeugnisse zum frühmittelalterlichen Handwerk in Westfalen, in: Frühmittelalterliche Studien, 11, 1977, S. 92—126 — mit frdl. Genehmigung durch den Verlag W. de Gruyter & Co., Berlin.

1. Winkelmann, W.: Eine westfälische Siedlung des 8. Jahrhunderts bei Warendorf, Kr. Warendorf, in: Germania, 32, 1954, S. 189—213; ders.: Die Ausgrabungen in der frühmittelalterlichen Siedlung bei Warendorf (Westfalen), in: W. Kraemer (Hg.): Neue Ausgrabungen in Deutschland, hg. von der Römisch-Germanischen Kommission des Deutschen Archäologischen Institutes, Berlin 1958, S. 492—517.
2. Vgl. auch die Öfen von Scharmbeck (Kr. Harburg), Hiddingen und Westerholz (Kr. Rotenburg-Wümme), Gielde (Kr. Goslar) und Isernbarg im Strecker Moor. — Wegewitz, W.: Ein Rennfeuerofen aus einer Siedlung der älteren Römerzeit in Scharmbeck, Kr. Harburg, in: Nachrichten aus Niedersachsens Urgeschichte, 26, 1957, S. 3 ff.; Dehnke, R.: Ein mittelalterlicher Rennofen von Hiddingen, Kr. Rotenburg-Wümme, in: ebd., 36, 1967, S. 153 f.; ders.: Ein Siedlungs- und Eisenverhüttungsplatz der spätrömischen Kaiserzeit von Westerholz, Kr. Rotenburg-Wümme, in: ebd., S. 133 f. und ebd., 39, 1970, S. 268 ff.; Niquet, E.: Zweiter Vorbericht über die Grabungen in Gielde, Kr. Goslar, in: Neue Ausgrabungen und Forschungen in Niedersachsen, 1969, S. 182 f.; Hayen, H.: Isernbarg, ein Eisenverhüttungsplatz im Strecker Moor, in: Oldenburger Jb., 67, 1968, S. 133 ff. Zum Problem der Eisenverhüttung siehe Osann, B.: Rennverfahren und Anfänge der Roheisenerzeugung. Verein Deutscher Eisenhüttenleute, Fachausschußbericht 9.001, Düsseldorf, September 1971.

ETHNOGRAPHISCHES VERGLEICHSMATERIAL

Peter Fuchs

Die Verhüttung von Eisenerz im Rennfeuerofen bei den Bäle in der Südost-Sahara — 1953*

Die Bäle bewohnen die zentralen, westlichen und südlichen Gebiete des Berglandes Ennedi im Südosten der Sahara im Staate Tschad.

Charakteristisch für Ennedi sind karstige Hochplateaus mit tief eingeschnittenen Trockentälern (Wadis). Neben diesen Hochflächen gibt es weite Steppenlandschaften, in denen einzelne „Inselberge" stehen. Im Norden, Osten und Westen wird Ennedi von Wüsten begrenzt, im Süden schließt es an die Sahel-Zone an. Es ragt als eine nördliche Ausbuchtung der Sahel in die Sahara hinein. Zurückzuführen ist dies auf den Anteil, den Ennedi von den sudanischen Regen erhält.

Die etwa 20 000 Bäle sind halbnomadische Viehzüchter; sie besitzen bedeutende Herden von Rindern, Kamelen und Kleinvieh sowie Esel und Pferde. Die kleinen, weit verstreuten Ansiedlungen sind mit einer Mauer aus aufgeschichteten Steinen und gelegentlich mit einem Wall aus Dornengestrüpp umgeben. Meistens legt man sie am Fuß eines Berges an, der im Notfall als Zuflucht dienen kann.

Ohne den traditionellen Ahnenkult wesentlich zu verdrängen, gelang es islamischen Missionaren in den letzten fünfzig Jahren, den größten Teil der Bäle oberflächlich zu islamisieren.

Die Schmiede der Bäle

Wie bei allen Völkern der östlichen Sahara (und darüber hinaus) bilden die Schmiede der Bäle eine eigene separierte Kaste, deren soziale Position als „außerhalb der Gesellschaft stehend" charakterisiert werden kann. Sie leben weit verstreut als Einzelfamilien, ihre Zahl läßt sich daher nur annähernd mit 300 bis 500 Personen abschätzen.

Jede Schmiedefamilie steht in einem Schutzverhältnis zu einem reichen und einflußreichen Mann. Für ihn und in seinem Auftrag wird hauptsächlich gearbeitet, er unterstützt dafür seine Schmiede mit Lebensmitteln und Kleidung. Aber nicht nur Handwerker ist der Schmied für seinen Schutzherrn, er dient ihm auch als Geheimkurier, Spion, Zubringer und Herold. Ist der Schmied mit seinem Herrn unzufrieden, kann er ihn jederzeit verlassen und anderswo seine Dienste anbieten. Die Schmiede heiraten nur untereinander.

Das handwerkliche Können des Bäle-Schmiedes ist nicht auf die verfügbaren Metalle (Eisen, Kupfer, Silber, Messing, Leichtmetall) beschränkt, er bearbeitet auch Holz und gelegentlich Leder. Ein Teil der Schmiedefrauen betreibt Töpferei.

Jeder Schmied besitzt einige Stück Vieh, zwei oder drei Rinder, gelegentlich ein Kamel, Kleinvieh und mehrere Esel. Die Bäle-Schmiede sind außerdem erfahrene Jäger. Mit Netzen und Fallen erlegen sie Gazellen, Antilopen und Mähnenschafe.

Die Verhüttung von Eisenerz

Die Herstellung einer Filmdokumentation über die Verhüttung von Eisenerz bei den Bäle war das Hauptziel einer Forschungsreise, die ich 1963 unternahm. Die kulturgeschichtliche Bedeutung einer derartigen Dokumentation ist evident, nicht nur für die Bäle, sondern für den gesamten ostsaharischen Raum und nicht zuletzt für die Interpretation von archäologischen Funden.

Aufgrund meiner Forschungen bei den Bäle im Jahr 1956 war mir bekannt, daß die Schmiede von Ennedi auch die Verhüttung von Eisenerz kannten. Sie wurde

Abb. 93: Ennedi-Gebirge, Tschad. Geländespuren weisen darauf hin, daß an dieser Stelle schon öfter Erz abgebaut worden ist

bereits 1956 nicht mehr ausgeübt, da auch in Ennedi Schrotteisen europäischer Herkunft billig zu haben war. Nach Aussagen der Schmiede hatte man um 1953 das letzte Mal Eisen verhüttet. Durch Vermittlung meines alten Freundes Adem Djerbu, einem der bedeutendsten Bäle-Häuptlinge, kam ich mit Kessu Oro in Verbindung, Oberhaupt einer Schmiedefamilie aus der Gegend von Berdoba in Süd-Ennedi. Kessu Oro hatte oft Eisenerz verhüttet; er beherrschte, wie sich im Laufe der Arbeit herausstellte, alle technischen Details und kannte genau den Ort, wo er früher seinen Rennofen zu errichten pflegte. Der festgelegte Arbeitsrhythmus, die rituellen Verhüttungsgesänge waren ihm geläufig. Als Hilfskräfte zog Kessu Oro seinen Bruder Djar Oro und seine beiden Vettern Omoko Duike und Gardea Duike heran. Für den eigentlichen Schmelzvorgang, wo ständig wechselnde Arbeiter an den Blasebälgen gebraucht werden, kamen zusätzlich drei Männer aus einer anderen Schmiedefamilie hinzu.

Der zeitliche Ablauf

1. Tag

Vormittag

Anreise zur Erzlagerstätte, die etwa 10 km nordöstlich von Berdoba auf einem Hochplateau gelegen ist.

Nachmittag

Abbau des Erzes. Die Schmiede Kessu und Omoko umschreiten den Ort, an dem sich das Erz befindet; sie verspritzen dabei Wasser als Opfer an den Ahnengeist der Schmiede, der hier seinen Sitz hat. An den Geländespuren ist zu erkennen, daß an dieser Stelle schon öfter Erz abgebaut wurde. Die erzführende Bodenschicht (Roteisenstein) befindet sich unmittelbar unterhalb der Grasnarbe, die leicht abgeräumt werden kann. Auf die freigelegte Erzlagerstätte schleudern die Schmiede schwere Steine, dadurch zertrümmern und lockern sie das Erz, dann brechen sie mit dem Grabstock die Erzbrocken heraus, zerschlagen sie in handliche Stücke und füllen das Erz in einen Ledersack (Abb. 93). Auf einem Esel transportiert man das Erz zum Verhüttungsort, der an einem Wadi in der Nähe der Siedlung Berdoba liegt. Auch ein Brunnen ist hier vorhanden. Siedlung und Brunnen sind für die Versorgung der Schmiede während des Verhüttungsprozesses wichtig.

Die Arbeitszeit für das Brechen des Erzes beträgt etwa eine Stunde.

2. Tag

Man ist den ganzen Tag damit beschäftigt, die zur Eisenverhüttung in größerer Menge benötigte Holzkohle herzustellen. In den Wadis der näheren Umgebung gibt es entwurzelte Bäume, deren ausgetrocknetes Holz für die Herstellung von Holzkohle geeignet ist. Einige dieser Baumstämme werden in Brand gesteckt, dann wird das ausgebrannte, glühende Holz mit Sand bedeckt.

3. Tag

Vormittag

Herstellen von Holzkohle wie am Vortag.

Abb. 94: Ennedi-Gebirge, Tschad. Schlauchgebläse der Bäle

Nachmittag

Kessu bestimmt die Stelle, wo nach der Tradition der Rennofen errichtet werden soll. Dieser Platz hat auch den Vorteil, daß er am Nachmittag im Schatten einer großen Akazie liegt. Unterstützt von drei Hilfskräften gräbt Kessu mit dem Grabstock eine etwa knietiefe Grube. Wie alle Dimensionen des Rennofens, wird die Grube nach Körpermaßen gemessen. Über der Grube soll die Mauer des Rennofens aufgeführt werden. Die Dicke der Mauer wird durch eine Furche markiert, die Kessu parallel zur Grubenwand zieht.

Auf diese Weise entsteht ein niedriger Sockel, der als Fundament für den Mauerbau dient.

Es arbeiten vier Männer etwa eine halbe Stunde lang.

4. Tag

Vormittag

In Fellschläuchen wird Wasser herangebracht.

Das Baumaterial für den Rennofen findet sich an Ort und Stelle, denn der Boden des Wadi hat hier die gewünschten Anteile Sand und Ton. Man gräbt den Boden auf, vermischt ihn mit Wasser und knetet das Material sorgfältig durch.

Kessu befeuchtet den Sockel des Grubenrandes mit Wasser. Er errichtet darauf die Mauer, indem er eine Handvoll Baumaterial mit beiden Händen auf die Unterlage setzt, mit beiden Daumen festdrückt und mit der flachen Hand glättet. Nach 45 Minuten hat er einen Mauerring von etwa 10 cm Höhe um die Grube gelegt.

Nachmittag

Um 15 Uhr wird die Arbeit fortgesetzt. Kessu führt die Mauer auf; Omoko, der zweite Schmied, bereitet fortlaufend das Baumaterial. Die Arbeit wird unterbrochen, sobald die Mauer Kniehöhe erreicht hat. Sie muß trocken sein, ehe weitergebaut werden kann, da das Baumaterial im feuchten Zustand nur eine geringe Festigkeit hat. Beide Schmiede arbeiten 1 Stunde lang. Dann umgeben sie den Bauplatz zum Schutz gegen Tiere mit einem Wall aus Dornengestrüpp.

5. Tag

Vormittag

6.30 bis 8.30 Uhr. Kessu und Omoko führen die Mauer des Rennofens bis zur endgültigen Höhe von 1,15 m auf. Nachdem man den Ofen mit Dornengestrüpp abgesichert hat, läßt man den Bau trocknen.

Von 10 bis 11.30 Uhr wird in der nahegelegenen Siedlung Berdoba an der Herstellung der Tondüsen für den Rennofen und an zusätzlichen Blasebälgen gearbeitet. Obwohl für den Rennofen nur vier Düsen erforderlich sind, werden für alle Fälle noch zwei Ersatzdüsen angefertigt. Für den Betrieb des Rennofens sind vier Paar Blasebälge erforderlich, aber auch hier sieht man einige Ersatzstücke vor (Abb. 94).

6. Tag

Vormittag

Weiterhin Arbeit an den Blasebälgen. Am späten Vormittag wird die Holzkohle ausgegraben und mit Eseln zum Rennofen transportiert.

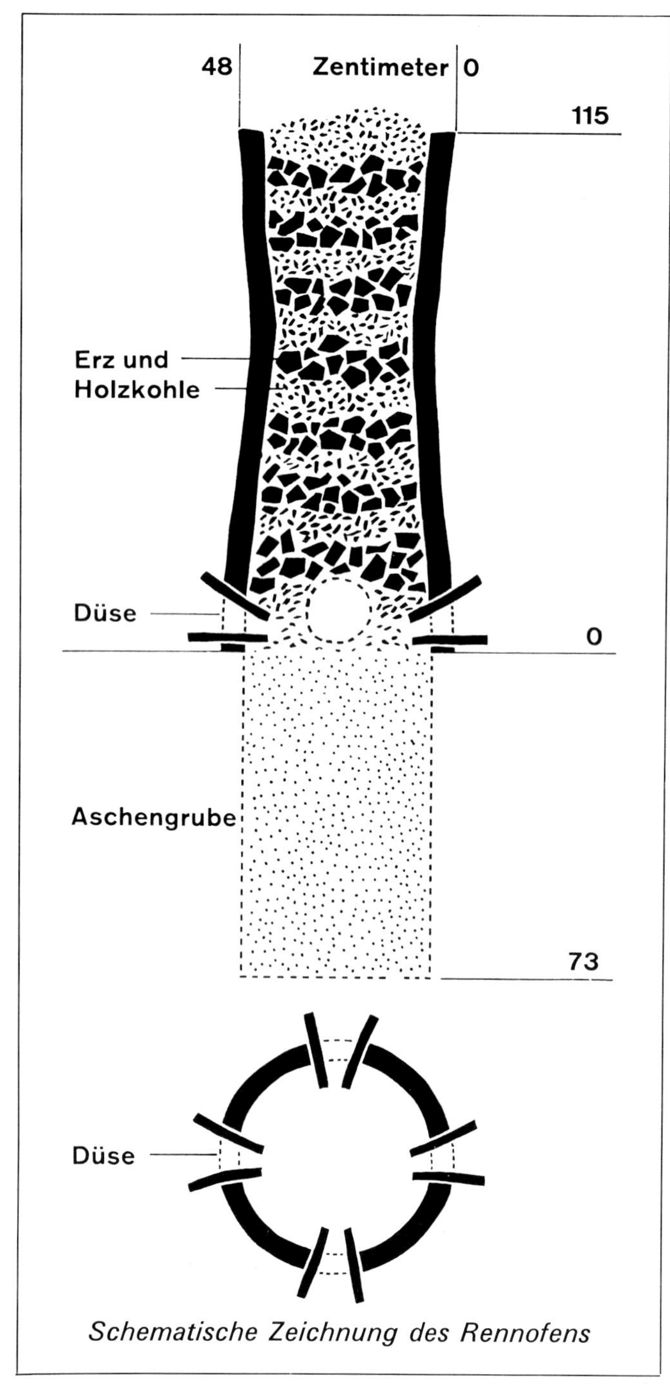

Schematische Zeichnung des Rennofens

Abb. 95: Ennedi-Gebirge, Tschad. Schematische Zeichnung des Rennofens der Bäle

Abb. 96 (rechts): Ennedi-Gebirge, Tschad. Rennofen der Bäle nach der Beschickung

Nachmittag

Arbeit an den Blasebälgen

7. Tag

Vormittag

Der entscheidende Tag der Verhüttung. Am frühen Morgen werden die Blasebälge fertiggestellt und mit den Tondüsen zum Rennofen gebracht. Knapp oberhalb der Erdoberfläche bohrt Kessu vier Löcher in die Wand des Rennofens und setzt die Düsen ein. Aus dem Wadi werden Holzpfosten und dicke Lianen herangebracht. Es sind nun vier Schmiede an der Arbeit, die Hauptlast trägt jedoch nach wie vor Kessu. Mit Holzpfosten und Lianen wird ein Stützgerüst um den Ofen gelegt (Abb. 95, 96). Wasser und Holz werden antransportiert. Um 11.30 Uhr ist der Rennofen zum Beschicken bereit. Arbeitsruhe.

Nachmittag

Im Laufe des Nachmittags treffen Männer einer benachbarten Schmiedefamilie als zusätzliche Arbeitskräfte ein. Ein Hammel wird geschlachtet, man ißt Fleisch, um Kräfte zu sammeln.

Um 15.30 Uhr begeben sich die Schmiede zum Rennofen. Zwei Schmiede zerkleinern die Erzbrokken. Trockenes Gras wird aus der unmittelbaren Umgebung herangeholt und in den Ofen gefüllt.

15.45 Uhr: Durch eine der Düsenöffnungen wird das Gras entzündet. Sobald es niedergebrannt ist, füllt man Holz nach. Am Rennofen entstehen durch die Erwärmung kleine Sprünge, die Kessu mit einem dünnen Brei aus Lehm und Wasser abdichtet. Er bespritzt auch das Holz-Lianengerüst, damit es nicht Feuer fängt. Das Abdichten und Bespritzen muß laufend wiederholt werden.

16.05 Uhr: Holzkohle wird in den Ofen gefüllt.

16.25 Uhr: Der Rennofen wird mit der ersten Schicht Erz beschickt, darauf kommt eine Schicht Holzkohle. An den Düsen des Rennofens werden die Blasebälge paarweise angesetzt, mit Steinen in ihrer Lage fixiert.

16.50 Uhr: Die Gebläse werden in Betrieb genommen. Es arbeiten jeweils vier Schmiede an den Gebläsen. Man achtet darauf, daß der Luftdruck an allen vier Dü-

Abb. 97: Ennedi-Gebirge, Tschad. Ausschmieden des Eisens durch die Bäle

sen gleichmäßig stark ist. Im anderen Fall schlagen aus den schwächeren Düsen die Flammen heraus und setzen unter Umständen einen Blasebalg in Brand.

Als man die Gebläse in Betrieb setzt, berührt die Sonne bereits die ersten Baumspitzen.

17.10 Uhr: Der Rennofen wird nachgefüllt. Eine Schicht Holzkohle, eine Schicht Erz, dann wieder Holzkohle, noch einmal Erz und zum Abschluß wieder Holzkohle. Der Rennofen wird nachgefüllt, sobald die Füllung etwa bis zur halben Höhe des Ofens abgesunken ist.

17.45 Uhr: Nachfüllen des Rennofens wie vorher.

17.50 Uhr: Sprünge an der Wand werden abgedichtet. Etwa jede Viertelstunde werden die Düsenlöcher mit einem Holzstab durchstoßen. Schadhaft gewordene Blasebälge werden ausgetauscht und sofort repariert. Die Schmiede wechseln sich in unregelmäßiger Folge an den Gebläsen ab.

18.25 Uhr: In den Ofen werden eine Schicht Holzkohle, eine Schicht Erz und wieder eine Holzkohlenschicht gefüllt.

18.55 Uhr: Man füllt den Rennofen das letzte Mal nach: Erz, Holzkohle, Erz, Holzkohle.

Die Sonne ist untergegangen, es wird rasch dunkel. Aus der nahegelegenen Siedlung Berdoba sind zahlreiche Zuschauer gekommen. Nun steigert sich das Arbeitstempo an den vier Gebläsen, die im gleichen Rhythmus bewegt werden. Nachdem Kessu eines der Gebläse übernommen hat, stimmt er die sakralen Arbeitslieder an; sie dürfen nur bei der Verhüttung von Eisenerz gesungen werden. Dann singt Omoko. Zungentriller der zuschauenden Frauen feuern die Arbeiter an. Das rhythmische Fauchen der Gebläse begleitet die Lieder. Singen darf nur, wer ein Gebläse betätigt. Die Schmiede wechseln sich nun häufiger an den Gebläsen ab.

20.45 Uhr: Der Arbeitsrhythmus der Gebläse wird zu einer letzten großen Anstrengung gesteigert.

21.05 Uhr: Die Arbeit an den Gebläsen wird eingestellt, sie werden abgebaut. Dann werden die Vorbereitungen getroffen, den Ofen zu öffnen und die Luppe zu bergen. Neben dem Ofen gräbt Kessu ein Loch schräg gegen den Ofen, das bis in die Aschengrube vorgetrieben wird. In das Loch setzt man einen Pfosten ein, alle anwesenden Schmiede drücken ihn mit ganzer Kraft nach unten und zerstören auf diese Weise den Rennofen. Aus den Trümmern holt Kessu mit einer Lianenschlinge die glühende Luppe heraus. Alle kehren zur Nachtruhe in die Ansiedlung zurück.

8. Tag

Vormittag

Während der Nacht ist die Luppe abgekühlt. Kessu und Omoko zerschlagen sie, sortieren das tropfenförmig erstarrte Eisen von der Schlacke (Abb. 97). In dieser Form wird das Eisen aufbewahrt. Erst bei der weiteren Verarbeitung zu einem der Schmiedeerzeugnisse wird es durch Ausschmieden gereinigt.

ANMERKUNG

* Leicht veränderter Nachdruck von Fuchs, Peter: Die Verhüttung von Eisenerz im Rennfeuerofen bei den Bälen in der Südost-Sahara, in: Der Anschnitt, 22, 1970, H. 2, S. 3—9.

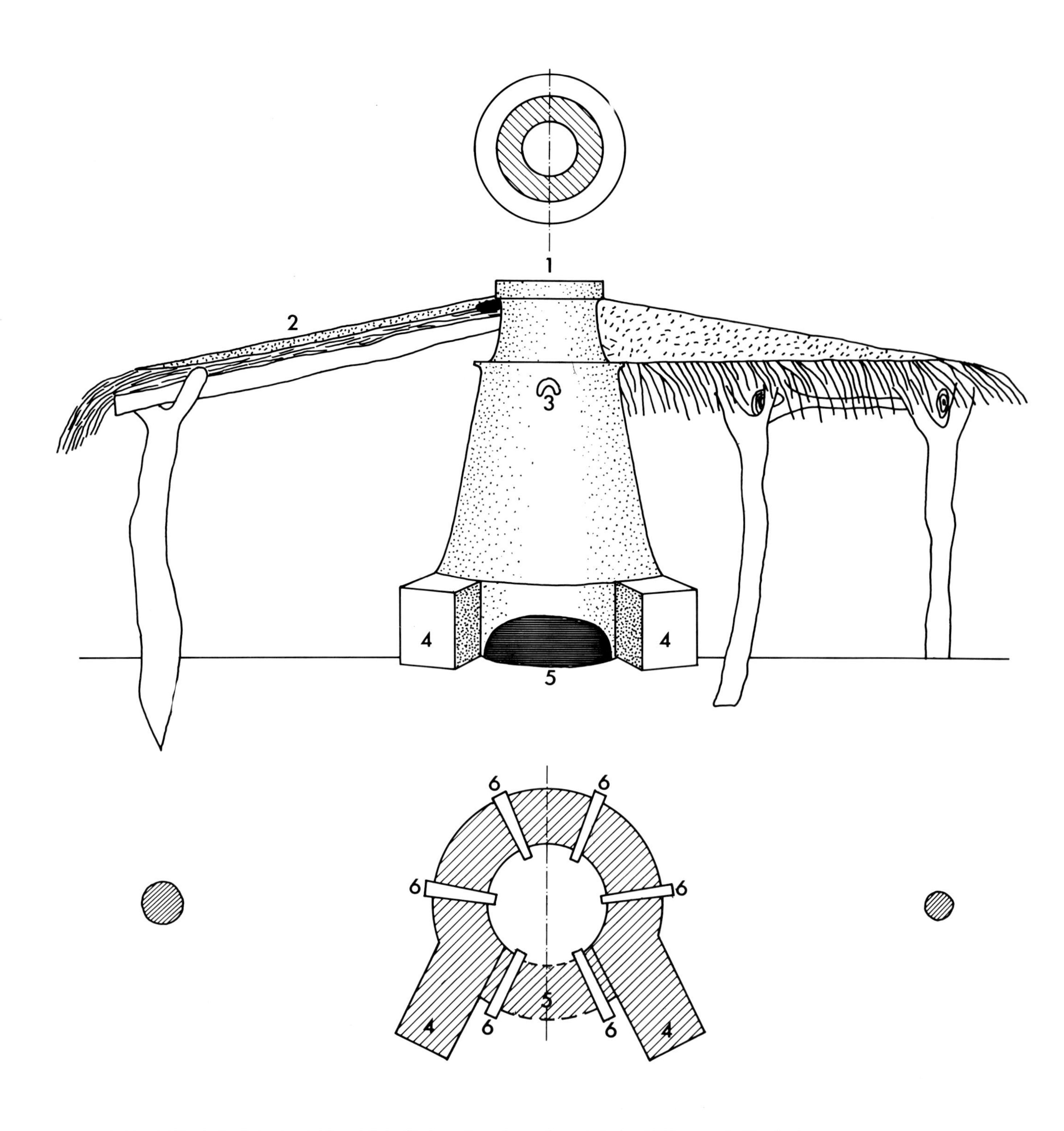

Abb. 98: Koni, Elfenbeinküste. Ansicht und Schnitt eines Rennfeuerofens; 1: Schachtöffnung; 2: Gichtbühne aus Knüppelholz, Stroh und Erde; 3: sog. Füllmarke; 4: Stützsockel beiderseits des Mundloches (5); 6: Winddüsen

Hans-Ekkehard Eckert

Eisengewinnung bei den Senufo in Westafrika — 1974*

Nur an wenigen Stellen der Erde werden heute noch technische Verfahren angewendet, wie sie in der Vorzeit genauso oder ähnlich üblich waren. Dies kann beispielsweise gegenwärtig noch bei der Eisengewinnung an der Elfenbeinküste beobachtet werden. Es ist bereits abzusehen, daß diese überkommenen Technologien und Strukturen in ganz kurzer Zeit aufgegeben, verändert und für immer verschwunden sein werden. Deshalb tut die gründliche Erfassung solcher „Bergbau- und Verhüttungsfossile" vor allem mit den Methoden der Bergbau-, Verfahrens- und Metallhüttenkunde im Sinne einer in die Gegenwart bezogenen Archäometrie und Bergbauarchäologie, aber auch mit den Methoden der Ethnologie, wobei soziologische Strukturen festgehalten werden müßten, dringend not.

Das Land der Senufo

Immer stärker von den großen internationalen Touristikunternehmen in ihre Reiserouten einbezogen, wird der Norden der Elfenbeinküste als Reiseland entdeckt. Noch ist er von der technischen Zivilisation wenig berührt, noch ist die Tradition lebendig.

Die Senufo sind ein Halbmillionenvolk, durch dessen Gebiet heute die Staatsgrenzen von Mali, Obervolta und der Elfenbeinküste führen. Sie sind Bauern, die den nicht sehr fruchtbaren Boden bearbeiten; es werden hauptsächlich Hirse, Mais, Reis, Yamswurzeln, Erdnüsse und Baumwolle angebaut. Unter den Senufo finden sich viele Schmelzer und Schmiede; sie garantieren die Versorgung der Bauern mit den sieben notwendigen Ackergeräten und Werkzeugen: die Daba für den Mann (Abb. 100, 3), die mittlere Hacke für die Frau, beide zum Feldbau; eine kleine, langstielige Hacke zum Unkrautjäten und zum Setzen der Yamswurzel; die Sichel zum Hirse- und Reisernten sowie zum Grasschneiden (Abb. 101, 3); die Axt zum Holzfällen und Roden (Abb. 99, 3, 4); das Haumesser; schließlich ein kleines Messer (Abb. 99, 8).

Wie bei den meisten Völkern der Savanne am Südrand der Sahara bilden die Schmelzer und Schmiede auch bei den Senufo eine eigene Gruppe unter der Bauernbevölkerung, obwohl sie in Koni ebenfalls selbst Ackerbau betreiben. Deshalb genießen sie keinen solch herausgehobenen und abgesonderten Status wie ihre Kollegen zum Beispiel bei den Bäle oder in Tourni. Sie pflegen zwar besondere Tänze, Masken und Kulte, nehmen aber gleichwohl an den Totenfeiern der Bauern teil und wohnen mit diesen in gemeinsamen Dörfern. Sie sprechen dieselbe Sprache, wenn auch mit einem anderen Akzent. Die Senufo-Schmelzer von Tourni sprechen eine andere Sprache und haben bei der Arbeit viele kultische Vorschriften und Maßnahmen zu beachten.

Das Dorf Koni

Im Gegensatz zu anderen Eisenschmelzern der Senufo kennen die von Koni keine Zeremonien bei den Arbeiten, weder beim Bau oder dem Entzünden eines Ofens noch beim Erzgraben und -waschen. Nur einmal im Jahr wird den Geistern der Gruben ein Opfer dargebracht. Zu Beginn der Regenzeit, Anfang Juli, begibt sich der Oberste der Schmelzer und Schmiede, begleitet von zwei Notablen, zur Opferstätte, die nicht weit von den Erzgruben entfernt liegt. Dort schlachten die Männer an einem Morgen einen Stier oder einen

Abb. 99: Koni, Elfenbeinküste. 1: Breithacke zum Erzgraben aus dem Bergbau; 2: Spitzhacke zum Reinigen der erschmolzenen Luppe; 3, 4: Beile zum Zerteilen der Luppe oder zum Holzfällen; 5: Dechsel zur Holzbearbeitung; 6: verschlackter Teller aus der Esse des Schmiedes; 7: Winddüse für den Rennofen; 8: kleines Messer aus Koni-Eisen; 9: Klopfstein aus Granit zum Ausquetschen der Schlacke aus Luppenstücken; 10: Schaber zum Reinigen der Ofensohle vor dem Schmelzen; 11: Schürhaken zum Offenhalten der Düsen, der auch zum Herausziehen der Luppe dient (Zeichnungen S. Albrecht, Gegenstände in der Sammlung des Deutschen Bergbau-Museums Bochum)

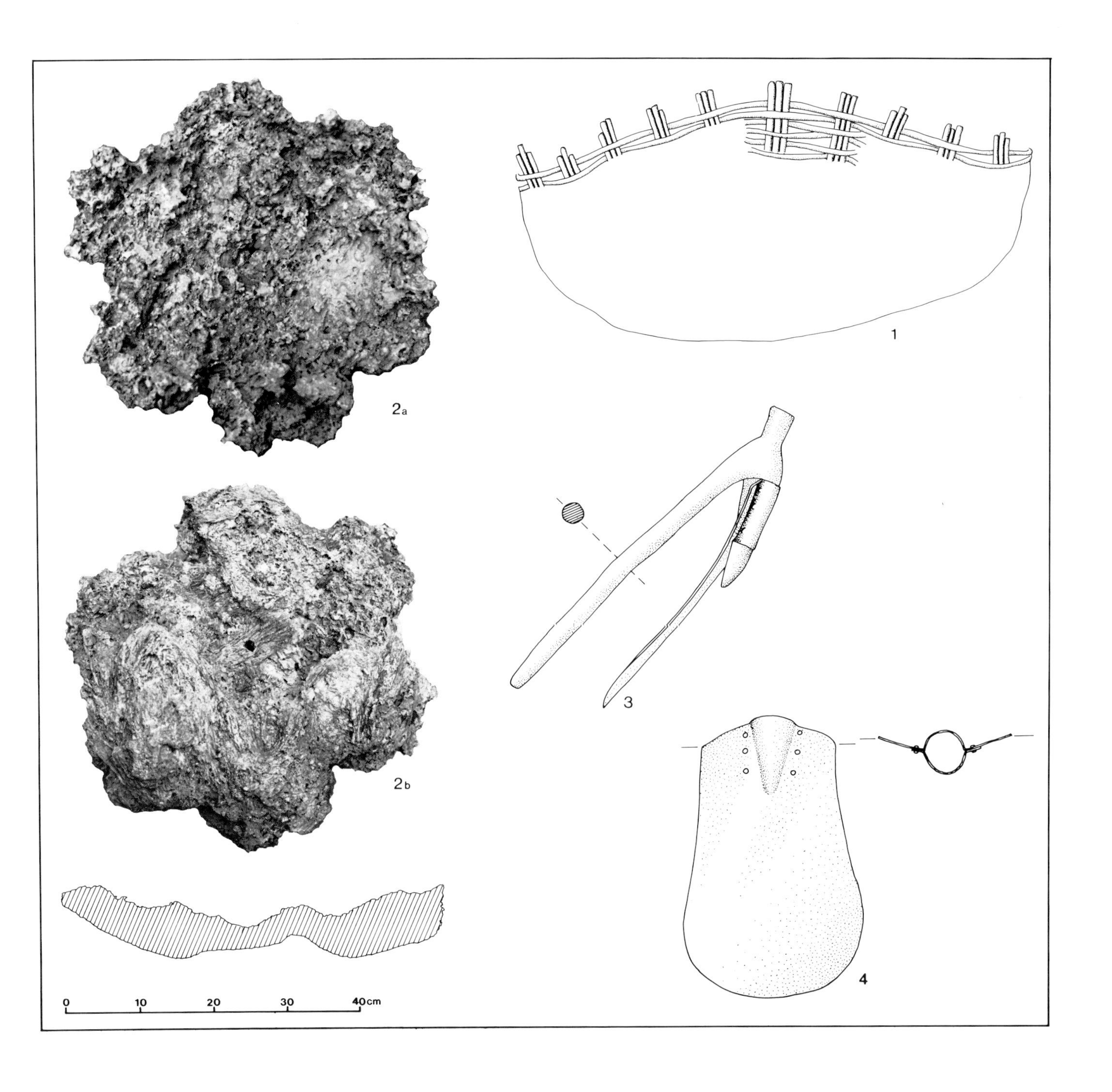

Abb. 100: Koni, Elfenbeinküste. 1: Korb zum Transport von Holzkohle; 2: Luppe von 23 kg; a: Oberseite, b: Rückseite mit Lage der sechs Düsen; 3: große Schaufelhacke (Gegenstände in der Sammlung des Deutschen Bergbau-Museums Bochum)

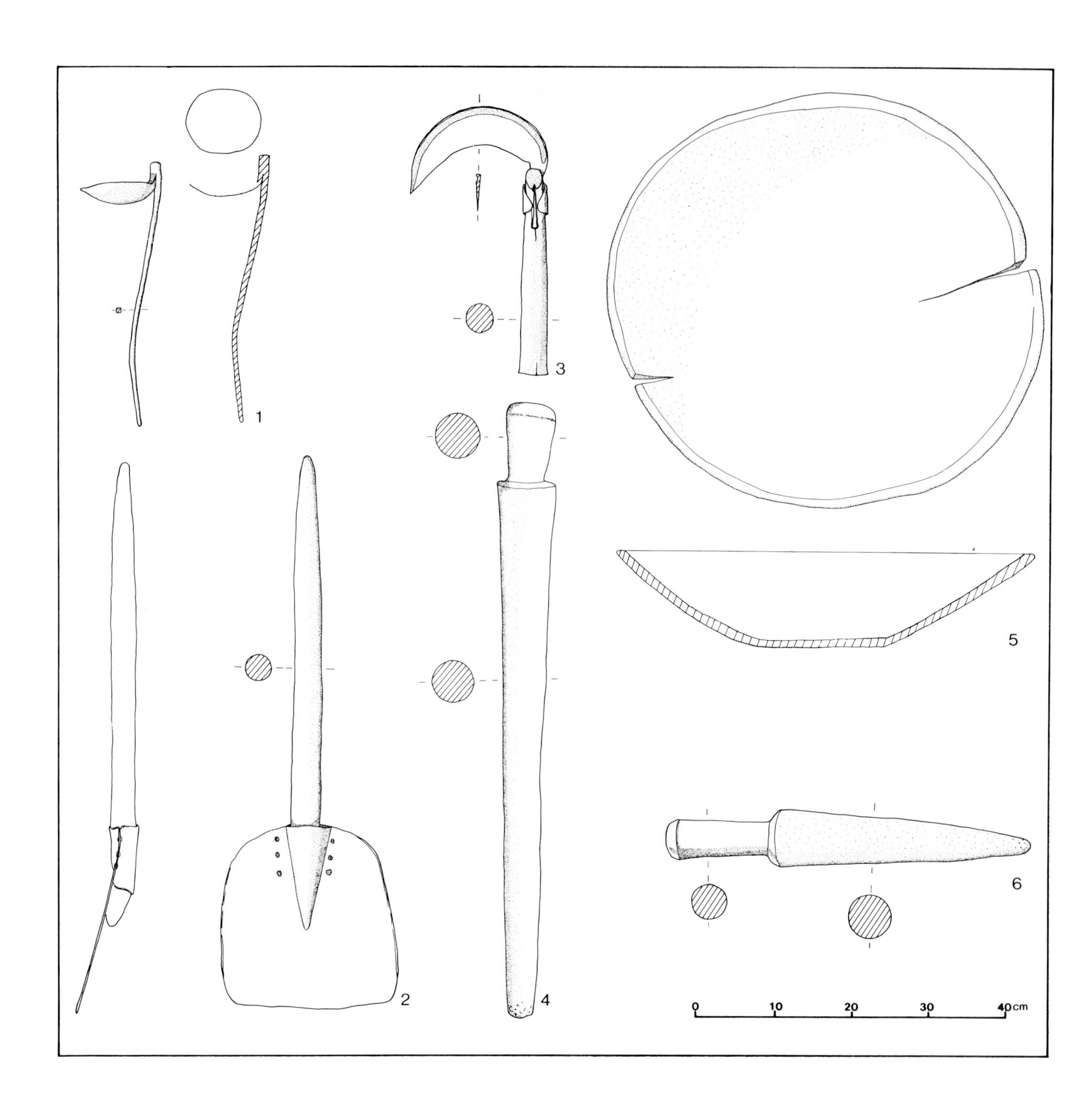

Abb. 101: Koni, Elfenbeinküste. 1: Öllampe aus den Erzgruben, außer Gebrauch; 2: kurzstielige Schaufel zum Öffnen und Reinigen des Ofens; 3: Sichel; 4: Düsenformholz; 5: Holztrog zum Waschen und Transport des Erzes; 6: Holz zum Justieren der Düsen (Gegenstände in der Sammlung des Deutschen Bergbau-Museums Bochum)

Schafbock und fünfzig Hühner für das gesamte Dorf. Die drei Personen transportieren anschließend die geschlachteten Tiere nach Koni zurück, wo sie am selben Tag von der Dorfbevölkerung verzehrt werden. An der Opferhandlung darf keine weitere Person teilnehmen, nicht einmal der Häuptling der Senufo.

Nach der Überlieferung der Bewohner von Koni waren die Bauern vor den Schmieden in ihrem Dorf ansässig. Man erzählt, die Schmiede wären aus dem Norden, aus Mali, gekommen. Die Schmelzer und Schmiede nennen sich selbst Fonónbélé, die Bauern werden dagegen von ihnen Senámbélé genannt. Die Bauern und Schmelzer von Koni besitzen getrennte heilige Haine, und es kommt vor, daß die Bauern als „Senufo" bezeichnet werden, um sie von den Schmelzern und Schmieden zu unterscheiden.

Die Bewohner von Koni gehören zum Stamm der Kiembara. Das Dorf weist 1200 Einwohner auf, von denen zweihundert als Schmelzer und Schmiede tätig sind, also rd. 16 %. Trotz dieser zahlenmäßigen Minderheit genießt ihr Oberhaupt ein ebenso großes Ansehen wie das Oberhaupt der Bauern. Der Respekt gegenüber denen, die Metall verarbeiten, ist ein Ergebnis der überragenden, fast unantastbaren Stellung, die diese Handwerker in der gesamten Sahelzone am Südrand der Sahara seit Jahrhunderten genießen.

Das Dorf Koni liegt 16 km nördlich von Korhogo an der Straße nach M'Bengué (Abb. 102). An der breiten Sandpiste, die mitten durch das Dorf führt, stehen 13 Öfen, 15 Lagerhütten und eine Schmiede. Im Dorf befinden sich drei weitere, etwas abseits gelegene Schmieden. Von den 13 Öfen standen im Frühjahr 1974 12 in Betrieb, von den 15 Lagerhütten befanden sich 4 im Bau. Zwischen den Öfen findet man kleinere Schlackenhalden und neben jedem Ofen einen niedrigen und gemauerten Ring zum Aufbewahren von Erzsteinen und Resten gewaschenen Erzes. In den Lagerhütten werden die Holzkohle, das gewaschene Erz und alle Arbeitsgeräte aufbewahrt. Die Hütten weisen einen Durchmesser von 4 m und eine Mauerhöhe von 2 m auf, die Dachspitze erreicht 3,5 m. Die Schmiede besitzt ein Vordach und ist einen halben Meter höher als die Lagerhütten. Der in der Schmiede früher gebrauchte handbetriebene Blasebalg, der aus zwei Luftsäcken aus Tierbälgen bestand, ist vor nicht langer Zeit durch ein kurbelgetriebenes Gebläse ersetzt worden.

Die Gruben

Die Erzgruben liegen 5 km westlich von Koni in einer Schlucht, die bis zu 15 m hohe Steilwände besitzt und aus einem größeren und einem kleineren Kessel besteht, welche durch einen Querrücken voneinander getrennt sind. Auf dem Boden der 100 m langen und 20 m breiten Schlucht befinden sich zwölf Schächte in Betrieb. Die Schlucht ist allein durch die Erzgewinnung entstanden, da sich das Gelände durch das dauernde Einbrechen der Abbauhohlräume kontinuierlich absenkte. Dementsprechend werden die Schluchtränder auf weite Strecken von den Stößen abgeworfener Schächte gebildet, die ehedem von der Savannenebene aus abgeteuft wurden. Dornengestrüpp sichert Risse und breite, tiefe Spalten an den Rändern der Schlucht ab. Die Entstehung der Schlucht, aus der wohl mehr als 20 000 cbm Gestein gefördert wurden, und über 50 Jahre alte Bäume darin bezeugen, daß hier seit Generationen Erz abgebaut wird.

In der Nähe der befahrenen Schächte und am Schluchtrand, wo die Straße mündet, türmen sich bis zu 2 m hohe gelblich-braune, tonige Erzhalden, die einen auffälligen Kontrast zu dem meist dunkel- oder hellroten Boden der Umgebung bilden. Die Schächte sind bis zu 15 m tief mit einem kreisrunden Durchmesser von gut einem Meter. Sie werden durch Steiglöcher befahren, die sich paarweise in einem Abstand von durchschnittlich 55 cm gegenüberliegen. Da die Trittlöcher in dem relativ weichen Boden schnell ausgetreten und -gewaschen sind, befinden sich im gleichen Niveau zwei weitere Steigstufen, über die ausgewichen werden kann: Die vier Stufen liegen sich etwa kreuzförmig gegenüber.

Von der Sohle des Schachtes wird das Erz zunächst in Kammern abgebaut, von denen die meisten bei fort-

schreitendem Abbau zu Strecken verlängert werden, die sich verzweigen und in neuen Kammern enden können. Diese liegen tiefer oder führen schräg nach unten. Die Strecken sind bis zu 80 cm, die Kammern 2 bis 3 m hoch. Bis zu sechs Örter oder Kammern gehen sternförmig von einem Schacht aus. Manchmal sind die Strecken verschiedener Schächte miteinander durchschlägig. Die Einsturzgefahr ist besonders während der Regenzeit groß, da keinerlei Ausbau das Hangende sichert.

Der Abbau des Erzes wird von den „Schmelzer-Bergleuten" in Gruppen betrieben. Ein Tagewerk beginnt mit dem Weggang aus dem Dorf gegen 7 Uhr morgens. Während die Männer mit Rädern oder Mopeds fahren, müssen Frauen und Kinder den 5 km langen Weg zu Fuß zurücklegen. Bis zu 14 Personen können an einem Schacht beschäftigt sein. Bei einer weit vorgetriebenen Strecke fahren zwölf Männer ein, von denen allerdings nur einer vor Ort als Hauer tätig ist (Abb. 99, 1). Ein zweiter Mann füllt das Erz mit einer Schaufel (Abb. 101, 2) in eine Holzschale (Abb. 101, 5), die er dem nächsten weiterreicht. Im Schacht stehen mehrere Männer gegrätscht in den Steiglöchern übereinander und reichen das Erz nach oben weiter. Die beiden letzten oben am Schachtmundloch befindlichen Männer nehmen das Erz in Empfang und schütten es je nach Qualität rechts oder links neben den Schacht. Frauen und Kinder tragen das Gut zur Seite und sortieren es weiter aus. Reicherze bringen sie gleich aus der Schlucht, um sie nahebei in kleinen Halden zu lagern.

Bei den beiden Männern über Tage am Schachteingang und dem Mann vor Ort handelt es sich in der Regel stets um die drei Erfahrensten in der gesamten Gruppe. Sie wechseln sich turnusmäßig in Abständen von je einer Stunde ab, wobei alle über Tage eine Ruhepause einlegen. Als Geleucht in der Grube dienen Taschenlampen. Noch vor einigen Jahren befanden sich schalenförmige Eisenleuchter in Gebrauch, in denen das Öl der Kariténuß brannte (Abb. 101, 1).

Abb. 102: Koni, Elfenbeinküste. Dorf, Schmelzöfen und Lagerhütten der Eisenschmelzer

Gegen 16 Uhr begeben sich alle in und an der Grube Beteiligten auf den Heimweg. Oft wird das geförderte Erz noch am selben Tag unter die Arbeiter verteilt. Die einen schließen sich zu einzelnen Gruppen zusammen und schütten ihre jeweiligen Anteile auf eine gemeinsame Halde, andere transportieren ihr Erz zum 3 km entfernten Waschplatz.

Zu den Besitzverhältnissen der Grube konnte lediglich in Erfahrung gebracht werden, daß sich sechs Dörfer den Anteil daran teilen: Koni, Karafigué, Kawaha, Kokaha, Kasombarga und Wodoro. Diese Dörfer liegen nördlich und westlich von Koni, wobei Wodoro mit 12 km das entfernteste ist. In allen diesen Dörfern gibt es Schmelzöfen, wenn auch nicht so zahlreich wie in Koni.

Die Aufbereitung

Die tonige Natur des ausgebeuteten Lateritvorkommens macht eine Erzwäsche notwendig. Bei mehr steinigen Vorkommen entfällt sie hingegen. Als Wäsche dient das verbreiterte Bett eines kleinen Baches auf halbem Wege zwischen den Gruben und dem Dorf, an der Stelle, an der die Hauptstraße nach M'Bengué mit einer Brücke über den Bach führt.

Das am Schluchtrand gelagerte Erz wird vom Schmelzer mit einer Holzschale in einen 60 kg fassenden Sack gefüllt und auf dem Fahrrad zum Waschplatz transportiert. Er wäscht etwa eine Stunde lang. Dabei senkt er eine andere, mit dem Erz gefüllte Holzschale (Abb. 101, 5) unter Wasser und wäscht mit den Händen Sand und Erde aus. Ab und zu hebt er die Schale an und schüttelt sie in raschen entgegengesetzten Drehbewegungen. Dann hebt er sie aus dem Wasser und rafft Steine heraus. Im Laufe der Zeit verändert sich die Farbe des Erz- und Sandgemisches von gelblich-rot nach braun. Das Waschgut wird am Straßenrand aufgehäuft. Wenn es im Sack ins Dorf transportiert wird, nimmt es schließlich ein Drittel des früheren Raumes ein. Bereits zwei Stunden später formt der Schmelzer einen Teil davon zu Kugeln, um sie zum Trocknen auf die Schachtöffnung seines brennenden Ofens zu legen.

Abb. 103: Koni, Elfenbeinküste. Rennfeuerofen der Senufo-Schmelzer

Die Verhüttung

Die Herstellung eines solchen für die Eisenverhüttung geeigneten Ofens dauert etwa zwei Monate (Abb. 98). Zuerst wurden ein 50 cm tiefes Loch mit einem Durchmesser von 1,50 m gegraben und am nächsten Tag darin ein 30 cm dicker Ring gemauert. Als Baumaterial dient das gleiche Lehm- und Strohgemisch, das bei der Herstellung der Düsen Verwendung findet. Das Fundament muß anschließend eine Woche lang trocknen. Dann wird die Mauer etwa 80 cm hochgezogen, vier Tage später erfolgt der Anbau der beiden quaderförmigen Sockel, innerhalb der nächsten drei Wochen das Aufsetzen der drei Mauerabschnitte von je 20 cm. Nach der Konstruktion des letzten Teils vergeht eine Pause von zehn Tagen, bevor der dicke, nach außen gewölbte Abschlußring gemauert werden kann. Nach einer weiteren Woche erfolgt in zwei Etappen der Bau der beiden oberen Aufsätze.

Danach beginnt der Aufbau des Daches, das aus zwölf gegabelten Holzstämmen besteht, die in Abständen von 1 m kreisförmig um den Ofen gestellt werden; vom Ofen sind sie mehr als 1,50 m entfernt. Sie werden mit zwei 1,50 m hohen Hauptstützen, die dicht am Ofen gleich unter den Sockeln stehen, durch Quer- und Längshölzer zu einem festen Dach verstrebt, das durch je eine Lage Stroh und Erde abgedichtet wird. Zwischen Ofenschacht und Stroh isoliert eine Packung handgroßer Schlackenstücke das Stroh gegen Hitze. Das Dach liegt auch auf dem gewölbten Abschlußring des Ofens auf. Es muß sehr stabil sein, da die Schmelzer zum Beschicken des Ofens auf das Dach steigen. Nach seiner Fertigstellung wird die Mauer der Gicht, die über dem Abschlußring liegt und die Schachtöffnung bildet, nach außen stark verbreitert und verputzt (Abb. 103). Ein Steigbalken liegt mit der Gabel auf dem Dach auf.

Zwei Wochen nach Beendigung der Gesamtkonstruktion wird im Ofen zwei Tage lang ein Holzfeuer angezündet, dessen Asche mehrere Tage im Ofen verbleibt. Nach der anschließenden Reinigung kann der Ofen für die Verhüttung der Erze benutzt werden. Die Haltbarkeit eines Ofens beträgt vier bis sechs Jahre, wobei das Dach jährlich zu erneuern ist. Die Ofenmundlöcher sind wegen der Ausnutzung des Windes ausschließlich nach Westen gelegen. Es gibt drei verschiedene Ofengrößen, je nach Anzahl der Erzkugeln, die für eine Beschickung notwendig sind: große Öfen für 200, mittlere für 90 und noch kleinere für 80 Kugeln. In Koni stehen vier große, drei mittlere und fünf kleine Öfen. Sie gehören acht zum Teil miteinander verwandten Familien. Die Zahl der Erzkugeln wird beim Füllen strikt eingehalten und erhöht sich, wenn die Holzkohle von veränderter Qualität ist, nach etwa folgendem Schema: 200 + 50 Kugeln, 90 + 40 Kugeln, 80 + 40 Kugeln.

Herstellung der Holzkohle

Die Eisenschmelzer in Koni gewinnen nicht nur die Erze selbst, sie stellen auch die von ihnen benötigte Holzkohle her. Dabei werden für das Holzfällen, das Schichten der Meiler, das Brennen und für den Transport der Holzkohle nach Koni etwa zwölf Tage benötigt.

Der Platz, auf dem die Schmelzer von Koni die Meiler errichten, liegt wenige Kilometer westlich der Erzgruben. Die Holzkohle wird hauptsächlich in den Monaten Februar und März, nach dem Ende des Harmattan, des Passatwindes, gebrannt. Die Schmelzer arbeiten dabei in Gruppen — wie beim Erzgraben. Sie errichten mehrere flache Meiler gleichzeitig, ihre Zahl entspricht der der Öfen.

Zunächst schlägt man das für alle Meiler benötigte Holz und schichtet es zu runden, 1,50 m hohen Stößen auf, die einen Durchmesser von fast 6 m aufweisen. Danach wird das Elefantengras geschnitten, das in einer 40 cm hohen Lage auf die Holzstöße kommt und mit 10 cm Erde zugedeckt wird. Sind alle Meiler fertig, wird an einem Abend der erste angezündet, der zweite am Abend des darauffolgenden Tages usw. Am Morgen des übernächsten Tages — also nach 36 Stunden — gießen die Köhler Wasser auf den Stoß und ziehen aus dem Innern einen Teil der Holzkohle heraus. Dann wird das andere Holz nachgeschoben. Die Umwandlung eines Holzstoßes in Holzkohle dauert vier bis sechs Tage. Danach beginnt der Transport nach Koni, wo die Lagerhütten bis zur Decke mit Holzkohle gefüllt werden. Normalerweise reicht der Vorrat für ein ganzes Jahr; sollte er knapp werden, muß am Ende der Regenzeit, in den Monaten September oder Oktober, neue Holzkohle hergestellt werden.

In der Regel wird um 9.30 Uhr mit einem Schaber (Abb. 99, 10) das Reinigen des Ofens von Schlackenresten begonnen. Mit einem Spaten (Abb. 101, 2) werden außen Erde und Asche festgeklopft, so daß eine ebene Fläche entsteht, die 15 cm höher als die Ofenöffnung liegt. Dann wird eine Mulde im Ofeninnern ausgehoben, was etwa 30 Minuten dauert. Anschließend füllt man den Ofen von unten her mit Stroh (10 Minuten).

Auf einem freien Platz zwischen den Öfen liegen zweihundert Erzkugeln kreisförmig angeordnet. Zum Trocknen werden sie mit angezündetem Stroh bedeckt. Danach steckt der Schmelzer das Stroh im Ofen an, das er eine Viertelstunde später mit einem Stock festklopft, um dann Erde und Asche vor der Öffnung nachzuhäufen. Im Anschluß daran führt er die Düsen horizontal in die vier Löcher an der hinteren Ofenwand ein. Zwei Düsen plaziert er in den Ecken des halbkreisförmigen Ofenmundloches (10 Minuten). Die Düsen sind sternförmig angeordnet. Die sechs Düsen weisen nach allen Himmelsrichtungen, und somit kann der Wind von allen Seiten in den Ofen blasen. Der Mann legt dann wieder Stroh auf und zündet es an, verschließt die Öffnung quer mit einer alten Düse und füllt von oben zwei Körbe Holzkohle ein, die sich unter starker Rauchentwicklung entzündet.

Dann wird ein Lehmgemisch bereitet, um die locker eingelegten Düsen mit der Ofenwand luftdicht zu verbinden. Dazu mischt er weißliche Erde in einer Holzschale mit Wasser. Während das angefertigte Gemisch „zieht", wird — eine Dreiviertelstunde nachdem das Stroh über den Erzkugeln angezündet worden war — mit einem alten Sack die Strohasche von den Kugeln gewedelt, bevor sie behutsam in einer Holzschale gestapelt werden. Dabei werden durch ständiges Blasen (sieben Minuten) sorgfältig die Aschenreste entfernt.

In den folgenden 20 Minuten werden neue Erzkugeln zur Verhüttung an einem anderen Tag geformt, und ein Junge bringt Wasser zum Trinken und zum Befeuchten des Erzes. Nach einer Kontrolle der glühenden Holzkohle wird eine Ruhepause eingelegt. Der Rauch über dem Ofen ist verschwunden, und hin und wieder sieht man rötliche Flammen aus dem Schacht schlagen.

Nach der Rückkehr werden mittels eines konischen Rundholzes (Abb. 101, 6) die Düsen gerichtet und dann die Spalten zwischen den Düsen und der Ofenwand mit dem bereiteten Lehm geschlossen. Nach dieser Arbeit (zehn Minuten) wird der dritte Korb Holzkohle (Abb. 100, 1), der bereits auf dem Ofendach steht, in den Ofen geschüttet und von oben mit brennendem Stroh angezündet (fünf Minuten), wobei Gase aus dem Ofen entweichen.

Jetzt kann die erste Schicht Erz eingefüllt werden (Abb. 104). Zwei oder drei erfahrene Schmelzer stehen zu diesem Zweck auf dem Ofendach neben der Schachtöffnung. Man nimmt jeweils zwei Kugeln, zerdrückt sie mit den Händen und läßt den Erzstaub in den Ofen fallen, wobei angestrebt wird, den Ofen gleichmäßig zu füllen (15 Minuten). Eine Dreiviertelstunde nachdem der Ofen mit 80 Kugeln beschickt worden ist, glüht das Erz. Weitere 50 Kugeln werden nachgeworfen. Wenn diese zweite Schicht ebenfalls rot glüht, bleibt Zeit für eine gemeinsame Essenspause von etwa 40 Minuten. Man röstet sich Erdnüsse in einem Strohfeuer oder hat sich bereits eine Yamswurzel zum Rösten oben auf den Ofenrand gelegt.

Nach der Pause wird der vierte Korb Holzkohle gefüllt und auf das Dach des Ofens gestellt. Die Reinigung der Düsen mit einem eisernen Schürhaken schließt sich an (Abb. 99, 11). Während Flammen oben aus dem Schacht schlagen, wird Holzkohle nachgefüllt und von oben mit einer Strohfackel angezündet. Zur Herstellung der Düsen benutzt man zwischenzeitlich eine vermutlich kaolinartige, lehmige Erde, die in einer Grube fünf Minuten Fußweg westlich des Dorfes gewonnen wird. Ein kopfgroßer Klumpen dieses Materials wird mit Wasser durchgeknetet, in gehäckseltem Stroh gerollt, um eine konische Holzwalze (Abb. 101, 4) gelegt und dann, von Stroh umhüllt, auf der Erde mit drehender Bewegung geklopft. Mit gespreizten Fingern wird Lehm über die Masse gestrichen, mit etwas Häcksel nachgerieben und alles mit der Handfläche glattgestrichen. Das stumpfe Ende wird ringförmig mit Lehm abgedichtet, am spitzen Ende schaut das Stroh etwas heraus. Durch Aufstampfen der Walze wird die Düse (Abb. 99, 7) vom Holz gelöst und — nachdem sie in trockenem Sand gerollt wurde — zum Trocknen in die Sonne gelegt. Zwei Männer benötigten etwa 40 Minuten, um jeweils sechs Düsen herzustellen.

Nach Beendigung dieser Arbeiten wirft man weitere 50 Erzkugeln in den Ofen, und die Zeit für das Abendessen ist gekommen. Erneut zeigt sich, wie die Eisenschmelzer von Koni ihren Verhüttungsofen gewissermaßen nahtlos auch für die Zubereitung ihrer Mahlzeiten nutzen. Nach Einbruch der Dunkelheit, gegen 18.30 Uhr, werden nochmals die Düsen mit dem Eisenhaken gereinigt.

Abb. 104: Koni, Elfenbeinküste. Holzkohle und pelletiertes Erz stehen zum Beschicken des Rennofens bereit

Bei Sonnenaufgang am anderen Morgen — etwa 20 bis 22 Stunden nachdem mit der Arbeit begonnen wurde — öffnet der Schmelzer mit einem Spaten den Ofen und zieht mit einem Eisenhaken (Abb. 99, 11) die Luppe heraus. Sie ist flach und etwas gewölbt und wiegt durchschnittlich 15 bis 35 kg (Abb. 100, 2). Er reinigt sie zunächst mit einer kleinen Spitzhacke (Abb. 99, 2), später mit einem Beil (Abb. 99, 3, 4). Sie wird mit Wasser besprengt und hochkant gestellt, um die Asche abklopfen zu können. Diese Arbeit dauert etwa eine Viertelstunde. Anschließend werden die Düsen herausgezogen und der Ofen gereinigt. Da die Düsen, an ihren spitzen Enden mit der Luppe zusammengebacken, nun abgebrochen sind und sich nicht erneut verwenden lassen, werden sie auf die Schlackenhalde geworfen.

Der Meister lädt die 23 kg schwere Luppe dieses Tages auf sein Fahrrad und fährt damit nach Hause. Offensichtlich um das wertvolle Gut besser überwachen zu können, werden Luppen und herausgeklaubtes Eisen nicht in den Lagerhütten, sondern in den Wohnhäusern aufbewahrt.

Verkauf und Verwendung des Eisens

Die Schmelzer in der Republik Elfenbeinküste verkaufen die Luppen als ganze Stücke zum Preise von 1500 bis 5000 CFA-Francs, etwa 15 bis 50 DM, oder sie zerschlagen die Luppe und sammeln das Eisen, das tropfenförmig zwischen der Schlacke hängt, und erhalten etwa 150 CFA-Francs für das Kilogramm. Der allgemeine Verkaufsplatz ist der Markt von Korhogo. Manche Schmiede kommen direkt nach Koni, um Roheisen zu kaufen. Viele von ihnen gehen — selbst aus einer Entfernung von 12 km — nach Koko, einem abgelegenen Teil von Koni, wo sich eine von Granitblöcken und -platten übersäte Stelle befindet, um dort das Roheisen zu Eisenpulver zu zerstampfen. Die dortigen Felsplatten besitzen bis zu 25 cm tiefe Mulden mit einem Durchmesser bis zu 65 cm. Daneben oder darin liegen handlich geformte, rundliche, fast kopfgroße Klopfsteine (Abb. 99, 9) aus Granit.

Um Eisenstücke zu zerstampfen, legen die Schmiede drei Hände voll Eisenstücke in eine der Mulden und beginnen, mit einem der Steine, den sie in beiden Händen halten, in sehr rasch aufeinanderfolgenden Schlägen das Eisen zu zerstampfen (Abb. 105). Dabei schleudert man den Stein kräftig nach unten, läßt ihn im Moment des Aufprallens los, um den zurückfedernden Hammerstein sogleich wieder fest zu packen und erneut auszuholen. Wie sich herausstellte, verhinderte diese Arbeitsweise, daß weder Hände noch Gelenke dem Aufprall ausgesetzt wurden. Zwischendurch unterbricht der Schmied das Zerschlagen, um mit einem kleinen, aus Stroh gefertigten Handbesen die weggesprungenen Eisenteilchen sorgsam in der Mulde zusammenzulegen.

Das Eisenpulver wird in der Esse des Schmiedes zusammengeschweißt und zur Herstellung oder Reparatur von Gerät verwendet.

Abb. 105: Koni, Elfenbeinküste. Ausquetschen der Schlackenreste aus dem Luppeneisen

ANMERKUNG

* Leicht veränderter Nachdruck von Eckert, Hans-Ekkehard: Urtümliche Eisengewinnung bei den Senufo in Westafrika, in: Der Anschnitt, 28, 1976, S. 50—63; dort weitere Abb. u. Lit.; vgl. auch ders.: Les fondeurs de Koni. Enquête sur la métallurgie du fer chez les Sénoufos du Nord de la Côte-d'Ivoire, in: Annales de l'Université d'Abidjan, 6, 1974, Sér. G., S. 169—189, dort besonders die soziologischen und verwandtschaftlichen Verhältnisse der Schmelzerfamilien.

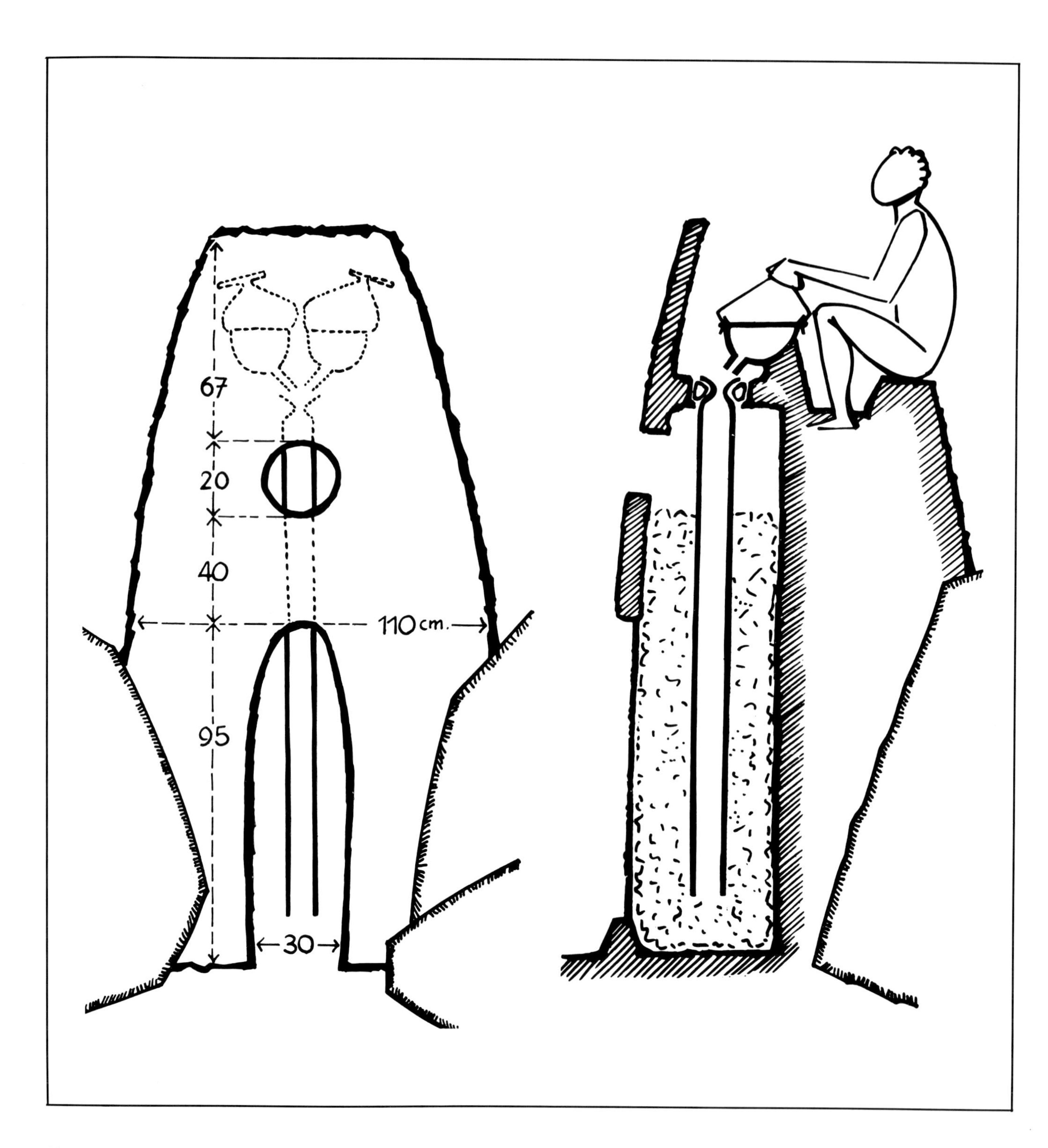

Abb. 106: Ldamszay bei Mokola, in den Mandarabergen, Kamerun. Schema eines Eisenschmelzofens der Matakam mit Luftzufuhr von oben

René Gardi

Die Matakam — „Eisenkocher" in Kamerun — 1952*

Nach der Redensart der Matakam in Kamerun wird in ihren eigenartigen Hochöfen „Eisen gekocht". Als Erz verwenden sie Magnetit. Sie kennen in den Bachbetten und Flußläufen genügend gute Stellen, wo sich das schwarze Erzpulver im Sand derart angereichert hat, daß sich das Ausschwemmen lohnt. Überall in den Mandara-Bergen ist Magnetit leicht zu finden (Abb. 107, 108).

Die Analyse eines Musters dieses grobkörnigen, schwarzen Erzes ergab folgende Zusammensetzung:

Eisenoxid (Magnetit) Fe_3O_4	85 %
Siliziumoxid (Quarz) SiO_2	6,5 %
Titan- und Zirkonoxid	ca. 3,5 %
Aluminium, Kalzium und Magnesiumoxid	ca. 5 %

Die dunklen Erzkörner sind reines Eisenoxid. Die anderen Oxide sind als Gangart dem Eisenoxid beigemengt und ergeben bei der Verhüttung eine saure Schlacke.

Der rote Tonofen des Schmiedes Truada stand sehr stimmungsvoll vor einer kleinen Felsgruppe aus körnigem Granit in der Nachbarschaft eines Gehöftes mit mehr als einem Dutzend spitzkegeliger Dächer in der Nähe von Mokola im Massiv von Ldamszay.

Der Ofen der Matakam unterscheidet sich in einem Punkt vollständig von den sonstigen afrikanischen und asiatischen Typen: Das Blasebalgsystem ist oben angebracht. Dadurch wird eine fast 2 m lange Tonröhre nötig, welche die Luft auf den Grund des Ofens leitet. Da die Röhre aber durch die glühende Holzkohle geführt wird, erwärmt sich dabei die Luft, ihr Wirkungsgrad werden dadurch erhöht und die Reduktionstemperatur im Innern des Ofens gesteigert (Abb. 106) — allerdings immer noch nicht so, daß das Eisen flüssig würde.

Der Blasebalg selber entspricht dem in weiten Teilen Afrikas üblichen Tonschalengebläse ohne Ventil. Saugt der Blasebalgmann an, hebt er also seinen Tütenbalg, dann streicht die Luft einfach durch die dünne Röhre von unten und der Seite her hinein. Drückt er ruckartig und mit Gewalt sein Fell zusammen, wird der größte Teil des starken Luftzuges nach unten in die Ofenröhre gepreßt, und es entweicht nur wenig seitwärts (Abb. 106, 109).

Eines Morgens war nun bei Truada alles bereit. Er hatte den Ofen sauber ausgeputzt und in einer Felsnische ein Dutzend Säcke mit Holzkohle gerüstet; Erz war gereinigt und getrocknet vorhanden.

7.50 Uhr.
Der Schmied Truada und seine vier Helfer machen sich an die Arbeit.

Vor dem Ofen steht die große Tonröhre zum Trocknen (Abb. 110). Sie wird durch die offene Tür sorgfältig eingeführt, oben eingehängt, mit Steinen verkeilt, so daß sie nicht hinunterfallen kann. Die untere Öffnung liegt etwa drei Handbreit hoch über dem Grund des Ofens (Abb. 111).

Sobald das geschehen ist, beginnt Truada, die Ofentür zuzumauern. Er mischt einen teigigen Lehmbrei an, macht Lehmwülste, knetet als Zaubermittel zerriebene, getrocknete Blüten der Pflanze Madzaf hinein. Bevor er die Wülste einsetzt und festdrückt, spuckt er auf jeden, streckt ihn, vor dem Ofen am Boden kniend, dreimal nach verschiedenen Himmelsrichtungen in die Höhe und ruft noch mit einem Spruch Dzikile an, den Gott, der sich mit den Menschen abgibt, ihn um seine Hilfe zu bitten.

Abb. 107: Kamerun. Gewinnung des Magnetitsandes in einem Bachbett

Nach und nach entsteht ein erstes Mäuerchen von etwa 0,25 m Höhe. Dahinter wird nun sofort Holzkohle aufgefüllt und entzündet. Es werden einige Händevoll Holzkohle hineingeworfen. Truada mauert weiter.

8.25 Uhr.
Das Tor ist bereits 0,7 m hoch zugemauert und der Ofen bis auf die gleiche Höhe mit Holzkohle angefüllt.

Truada vergißt nie, auf seine Lehmwülste zu spucken und sie mit ruckartigen Bewegungen dreimal gen Himmel zu schwingen.

8.35 Uhr.
Die ganze Tür ist sorgfältig zugemauert, die Kanten werden mit etwas dünnerem Lehmbrei verstrichen. Damit die gemauerte Tür, gegen die ja von innen her die Holzkohle lastet, nicht hinausgedrückt wird, spannt der Bruder Truadas quer darüber biegsame Zweige ein. Die Holzkohle wird nun durch das kreisrunde Loch über dem Ton eingefüllt, bis sie etwa eine Handbreit unter den unteren Rand des Beschickungsloches reicht.

Ein zweites Stück glühendes Holz wird diesmal durch die Ofenröhre hinabgeworfen in die unterste Holzkohlenschicht.

8.55 Uhr.
Auf dem Sitzstein hinter dem Blasebalg hat einer der jüngeren Schmiede Platz genommen, bearbeitet die Felle noch nicht besonders temperamentvoll, facht das Feuer nur an. Die hochgezogene Ofenfront schützt den Schmied vor Hitze und den giftigen Kohlenoxidgasen.

Truada hat mittlerweile zuunterst an seiner gemauerten Ofentür mit einer kleinen Sichel eine flache, handbreite Öffnung herausgeschnitten. Kleine glühende Kohlenstücklein und Holzkohlenasche wirbeln im Rhythmus der Blasebalgstöße durch den Luftdruck hinaus.

Es ist ein wichtiger Augenblick. Der Ofen soll gut in Brand geraten, die Holzkohle soll heiß glühen.

Deshalb muß Truada ein erstes Opfer bringen. Man reicht ihm in einer Kalebasse Zom, Hirsebier. Jetzt steht der nackte Mann neben seinem Ofen auf einem Felsbrocken, schüttet einen Schluck Bier über die drei Hörnchen zuoberst am Ofenkragen und ruft Dzikile an: „Mach, daß das Feuer heiß wird, hilf, daß gutes Eisen entsteht, steh uns bei und bleibe hier."

Da steht er neben seinem Ofen und tränkt die drei Hörnchen, dann geht er mit dem Zom zu einem Felsblock und begießt dort eine hervorstehende Ecke ebenfalls. Es ist der Mbulom, die Wohnung eines Ahnen, der nun seinen Anteil am Opfer erhält. Hierauf trinkt der Schmied selber herzhaft einen Schluck.

9.20 Uhr.
Das Feuer hat sich gut entwickelt. Der Ofenkragen flimmert hinter der heißen Luft, die aus dem oberen Loch steigt, und in der kleinen Ofenöffnung am Fuß des Tores erscheint die Holzkohle weißglühend. Bald ist die eingesetzte Lehmwand hartgebrannt, so daß die Zweige ohne Gefahr weggenommen werden dürfen.

9.23 Uhr.
Ein Gehilfe holt beim Gehöft ein Huhn.
Truada steigt damit wieder auf seinen Stein neben

dem Ofen, packt das arme Huhn an den Beinen, schneidet ihm mit dem scharfen Rand eines Strohhalmes den Hals auf, hängt das Opfertier mit der linken Hand hoch über den Ofenkragen und läßt das Blut über die drei Hörnchen und die vordere Ofenwand hinunterfließen. Der Mann am Blasebalg schlägt mit wilden Stößen auf sein Fell, er ruft laut dazu, wirft seinen Kopf nach vorn und nach hinten und strengt sich stärker an, während das Blut des Huhnes rinnt und tropft. Truada vergißt nicht den Mbulom (Abb. 112).

Jetzt steht der stämmige Schmied wieder neben seinem Ofen, ruft Dzikile an, schwingt das Huhn durch die Luft, schlägt es mit aller Kraft an die Ofenwand und wirft es auf die Erde.

Alle Schmiede kommen herzu, kauern sich vor das Huhn und lauern darauf, wie sich die Beine des Tieres noch bewegen. Sie zucken noch ein paarmal, das linke Bein zeigt nun nach vorn in der Richtung des Schnabels, das andere bewegt sich nach hinten.

Befriedigt steht die Gesellschaft der Zauberer auf, denn das ist ein gutes Vorzeichen. Dzikile hat also das

Abb. 108: Kamerun. Auswaschen des Erzes

Abb. 109: Kamerun. Bedienung der Blasebälge

Opfer angenommen, und man wird viel Eisen gewinnen.

Einer der jungen Schmiede schlägt mit Stahl und Feuerstein einen Funken in den Zunder, entfacht ein Hirsestrohfeuer, brennt dem Huhn die Federn weg, öffnet dem Tier den Leib, reißt ihm das Herz heraus und das Gedärme, das er nun oben am Ofen über die drei Hörnchen legt, den Ort, der Dzikile verkörpert, hängt das Huhn an einem Stock auf und lehnt diesen an die heiße Ofenwand, wo es im Laufe der Zeit knusprig gebraten wird.

9.35 Uhr.
Erst jetzt wird der Ofen mit Erz beschickt. Die ersten Opfer sind gebracht, die Holzkohle scheint richtig zu glühen. Truadas Bruder geht zu den Felsen, er füllt aus einem riesigen Topf aus Ton eine flache Schlüssel und bringt die Schale zum Ofen. Truada kauert vor die Schüssel hin und zerstückelt eine Zwiebel, die er Masviziao nennt, zerschneidet die scharf riechende Knolle in feine Stücke und vermischt sie gut mit dem grauschwarzen Mineral.

Und erst jetzt, fast zwei Stunden nachdem das Feuer angeblasen worden ist, bekommt der Ofen die ersten Handvoll Erz, die man sofort mit frischer Holzkohle zudeckt.

9.40 Uhr.
Der Mann am Blasebalg wird wieder einmal abgelöst; der nächste, immer einer aus der Gruppe der Schmiede, setzt sich auf den kleinen Sitz und beginnt sofort, die beiden Felle mit aller Kraft zu bearbeiten. Er singt dazu und ahmt auch das Geräusch des Blasebalgs nach, der voller Kraft und mit einer unbegreiflichen Eile emporgehoben und wieder hinabgedrückt und geschlagen wird. Der Mann zischt jeweils, er zieht Luft ein (Abb. 113).

Aber jetzt setzt sich der junge Geselle, der vorhin abgelöst wurde, mit einer Ganzavar, einem gitarrenähnlichen Musikinstrument, zu ihm und feuert den Beimann mit dem regelmäßigen Rhythmus seiner einfachen Melodie an. Es entsteht ein kleiner Wechselgesang, der Lautenschläger beginnt hoch, der andere beendet die Melodie mit zwei oder drei atemlos herausgestoßenen tieferen Tönen, der erste beginnt wieder, und so wiederholen sie immer von neuem die gleiche Melodie mit den gleichen Worten.

10.00 Uhr.
Jetzt erwartet man die erste Schlacke. Das Tempo, mit dem der Blasebalg bedient wird, steigert sich wieder einmal. Der Schweiß strömt. Das Geräusch verwandelt sich in einen rhythmischen Trommelwirbel.

Truada stochert mit einem zugespitzten Ast im Ofen, aber die Schlacke, die er unten herauskratzt, ist nur hellglühend, sie fließt noch nicht.

Nach dieser Anstrengung löscht sich Truada den Durst.

Abb. 110: Kamerun. Das lange Windrohr vor seinem Einbau in den Ofen

Abb. 111: Kamerun. Das Windrohr ist oben festgeklemmt, die Ofentür wird vermauert

10.05 Uhr.
Durch das runde Loch wird ein Korb Holzkohle eingeführt. Man wirft zwei Handvoll Mineral nach und deckt es mit einem zweiten Korb Holzkohle zu. Truada stochert wieder von oben mit einem Knebel im Ofen, um die Holzkohle gut zu verteilen.

10.20 Uhr.
Truada öffnet mit seinem Knebel wieder das verstopfte Schlackenloch. Nun ist die Schlacke wirklich zähflüssig und strömt langsam wie ein kleiner Lavastrom aus dem Ofen, erstarrt aber sofort an der Luft und verstopft dadurch wieder die Öffnung. „Dreck des Ofens" oder „Mist" nennen die Schmiede die wertlose Schlacke.

10.22 Uhr.
Ablösung oben am Blasebalg, gleichzeitig wird wieder Holzkohle nachgefüllt, dazu kommen einige Handvoll Erzpulver.

Vor dem Ofen ist nun eine Strohmatte aufgestellt worden, damit man die Vorgänge am Stichloch besser kontrollieren kann, denn erst, wenn es im Schatten liegt, ist die Farbe der Glut richtig zu beurteilen (Abb. 114).

10.30 Uhr.
Es wird schon wieder ein Korb Holzkohle nachgefüllt. Jetzt glüht und brennt die Kohle im Ofen richtig, und man braucht mehr Nachschub als anfangs.

10.38 Uhr.
Jetzt wird die erste Öffnung, kurz nachdem die Schlacke herausgekratzt worden ist, mit Erde verstopft und mit einem flachen Stein verschlossen. Dafür wird mit der Gada, einem eisernen Beil, unmittelbar über dem Stein sorgfältig ein neues Loch in die fast klirrend harte Lehmwand gebrochen. Diese Öffnung liegt ungefähr eine gute Ziegelsteindicke über der alten. Schlacke tropft in glühenden Perlen heraus.

Das entstandene Eisen müßte sich zwischen dem Grund des Ofens und der Höhe der zweiten Öffnung befinden.

10.50 Uhr.
Schon wieder werden zwei Körbe voller Holzkohle nachgefüllt. Wieder steht Truada auf den Zehenspitzen vor dem Ofen und stochert mit einem Knebel die Kohlen im Ofen zurecht. Dabei entzünden sich die Abgase, und es schießen meterhohe, blaue Flammen zum „Fenster" hinaus.

Abb. 112: Kamerun. Opferszene

Abb. 113: Kamerun. Arbeit an den Blasebälgen

Abb. 114: Kamerun. Im Schatten der Strohmatte kann die Farbe der Flammen und Schlacken besser beurteilt werden. An der Ofentür brät ein Hühnchen. In der Tonschale befindet sich das Erzpulver, im runden Beschickungsloch oben ist das Windrohr sichtbar

Abb. 115: Kamerun. Ein neues Abstichloch wird nach Verschließen des vorigen in die Ofentür gebrochen, Schlacke tropft hinaus

Wer nichts zu tun hat, raucht aus einer langen, eisernen Tabakspfeife, die stets reihum von Hand zu Hand wandert.

10.55 Uhr.
Truada füllt eine Schüssel mit Erz, bringt sie zum Ofen und wirft zweimal mit beiden Händen von dem schwarzen Sand hinein.

11.00 Uhr.
Wieder einmal tritt oben am Blasebalg ein Wechsel ein. Die beiden Burschen tauschen einfach die Plätze. Während vieler Stunden darf der Blasebalg nie zur Ruhe kommen.

Truada und sein Bruder sind vielleicht etwa vierzig Jahre alte Männer, die drei anderen Helfer aber sind junge, fröhliche Gesellen.

Wir haben uns übersetzen lassen, was die Kerle denn zu ihren Melodien auch immer zu singen wüßten. Truada, der ruhige, gereifte Mann, sang eine Beschwörungsformel; er bat Dzikile, viel Eisen entstehen zu lassen.

Nicht aber die jungen Burschen! Sie singen von schönen Mädchen, von Liebe, vom Heiraten, von ihren Plänen und ihrem Alltag.

Lied und Harfenspiel sind nicht nur dazu da, den Mann bei seiner anstrengenden Blasebalgarbeit rhythmisch zu unterstützen und die Arbeit kurzweilig zu gestalten, sondern sie sind unerläßlich, um gutes Eisen herzustellen. Zauberei und Magie werden genauso selbstverständlich gehandhabt, wie man den Lehmbrei anreibt, um die Tür zuzumauern, die Holzkohle zu nußgroßen Stücken zerkleinert oder das Erz aus dem Sand wäscht. Zauberei gehört zur Arbeit wie irgendein gewöhnlicher Handgriff; denn ohne Hilfe der Ahnen und Götter wird das Werk nicht gelingen (Abb. 112).

11.20 Uhr.
Von einem Trunk aus Wasser mit einer Handvoll feinem Hirsemehl opfert Truada wie üblich einen Schluck den drei Hörnchen am Ofenkragen und spendet dem Mbulom seinen Anteil, bevor er selber trinkt und sich den Durst löscht. Dann reicht er die Schale den anderen Schmieden und wirft zwei Handvoll Mineral in den Ofen.

11.37 Uhr.
Ein Korb Holzkohle, dreimal eine Handvoll Mineral.

An den Rändern der zugemauerten Tür, dort, wo der frische Lehm sich mit dem Ofen verbindet, ist nun eine ganze Reihe von Brüchen und Spalten entstanden, durch welche helle Stichflammen herauszüngeln. Truadas Bruder füllt sich den Mund mit Wasser, spritzt die gefährdete Stelle kraftvoll ab und verkleistert die brüchige Naht mit nassem Lehm.

Abb. 116: Kamerun. Aufbrechen des Schmelzofens

Abb. 117: Kamerun. Die Luppe ist geborgen und wird mit einem sichelförmigen Beil gereinigt

11.45 Uhr.
Zwei Handvoll Eisenmineral.

11.48 Uhr.
Truada bricht wieder einmal die verstopfte Stichöffnung auf. Schlacke fließt aus, und der Schmied deckt die Glut, die an der Luft Feuer fängt, mit Erde zu. Sobald keine flüssige Schlacke mehr zutage tritt, verschließt er die Öffnung mit Erde und legt einen zweiten Stein über den ersten, füllt alle Zwischenräume mit Erde und bricht, etwa eine Ziegelsteindicke über dem alten Loch, ein neues in die Ofenwand. Von dieser Öffnung bis zum oberen Rand des Tores sind es nun bloß noch 0,73 m, etwa 0,2 m weniger als am Anfang, so daß die Eisenluppe dahinter jetzt etwa 0,2 m hoch sein dürfte.

Truada zertrümmert auf einem Stein ein Stück erkaltete Schlacke, nimmt die einzelnen Brocken wägend in die Hand, schüttelt dazu den Kopf. Es ist nichts wert, wirklich bloß Schlacke.

11.55 Uhr.
Wechsel beim Blasebalg.

12.00 Uhr.
Die Schmiedezunft ist durstig geworden, die Männer trinken herzhaft und in großen Schlücken Hirsebier.

12.15 Uhr.
Ein Korb Holzkohle wird eingefüllt.

12.25 Uhr.
Das Bier hat die Helden faul gemacht. Der Blasebalg wird sehr, sehr lau betrieben, der Lautenspieler hört einfach auf und klettert vom Ofen herunter. Die Sonne steht hoch, es ist wirklich heiß.

12.35 Uhr.
Wechsel am Blasebalg. Truada, dem die Flaute gar nicht paßt, feuert den neuen Mann auf der Ganzavar an.

12.37 Uhr.
Ein Korb Holzkohle.

12.55 Uhr.
Ein Korb Holzkohle.

13.03 Uhr.
Ein Korb Holzkohle.

Auch von dem Mittagessen — Hirsebrei mit Kräutersoße und das gebratene Huhn — bekommen Dzikile im Ofen und Mbulom zuerst eine Opfergabe.

13.13 Uhr.
Truada stochert Schlacke heraus. Sie ist dickflüssig wie kalter Honig. Er verschließt das Loch mit ein paar Handvoll Erde, baut den dritten Stein als Hebelstütze davor auf und bricht ein neues Loch durch (Abb. 115).

13.15 Uhr.
Ablösung am Blasebalg. Drei Handvoll Erz.

13.25 Uhr.
Ein Korb Holzkohle.

Abb. 118: Kamerun. Bevor das Eisen in der Esse des Schmiedes geglüht, zusammengeschweißt und geschmiedet werden kann, werden die Eisenbrocken kalt zertrümmert, um die restlichen Schlacken und anderen Verunreinigungen auszuquetschen

13.34 Uhr.
Eine Handvoll Mineral, ein Korb Holzkohle und noch einmal drei Handvoll Mineral.

13.47 Uhr.
Drei Handvoll Mineral!

13.52 Uhr.
Schon wieder drei Handvoll Erz. Stets mit beiden Händen genommen.

14.00 Uhr.
Vier Handvoll Erz. Vor dem Ofen herrscht eine fast unerträgliche Hitze.

14.30 Uhr.
Die Öffnung wird noch einmal geschlossen. Truada schichtet einen vierten Stein auf, bricht den Lehm darüber wieder ein, damit die Schlacke entweichen kann — vor allen Dingen, damit im Ofen ein Luftzug entsteht (Abb. 115).

14.43 Uhr.
Noch einmal zwei Handvoll Erz.

15.00 Uhr.
Der Ofen soll geöffnet werden.

Das Lied wird plötzlich abgebrochen. Der Lautensänger klettert herunter; der andere löst am Blasebalg seine Schnüre, nimmt die beiden Ziegenfelle weg, packt sie zusammen und springt ebenfalls herab.

Truada nimmt am Stichloch mit einem Hirsestengel Feuer, nähert sich mit der Flamme den Abgasen. Sie entzünden sich mit einem lauten Knall, und sofort schießt das Feuer in Garben heraus. Dann zertrümmert er mit einer Hacke die klirrende Ofentür, Glut fällt heraus, unverbrannte Holzkohle lodert, der Schmied springt zur Seite, beugt sich nach vorn, schlägt auf die Wand ein, spritzt aus dem Mund Wasser über das Feuer, flüchtet sich aus den übelriechenden Dampfwolken (Abb. 116).

Sein Bruder schüttet Wasser von oben herab durch die zentrale Luftröhre, Wasserdampfexplosionen, der Ofen verschwindet hinter dem Dampf, Geschrei und Gestank.

Neue Schläge auf die Reste des Tores, neue Glut fällt heraus, wieder wird Wasser aus dem Mund darübergespritzt, und wieder entweichen die nackten Kerle der Hitze.

Dann beginnen sie, mit Stangen und Haken die Luppe herauszuzerren. Sie ist verkeilt; die Tonröhre, die hinter der Luppe glasig gebrannt angesintert ist, wird zerschlagen, soweit sie nicht einfach weggeschmolzen ist, dann fällt die baumstammdicke, knapp stuhlhohe, unförmige Luppe vornüber. Sie ist glühend heiß, nur an der Oberfläche bereits etwas dunkelrot, aber jede Holzstange, mit der sie berührt wird, um sie im Platz zu bewegen, brennt sofort lichterloh. Ständig wird Wasser darübergeworfen, so daß die Dampfwolken nicht aufhören wollen. Die Luft zittert über dem Eisen, Abgase stinken nach verbranntem Schwefel. Und nun

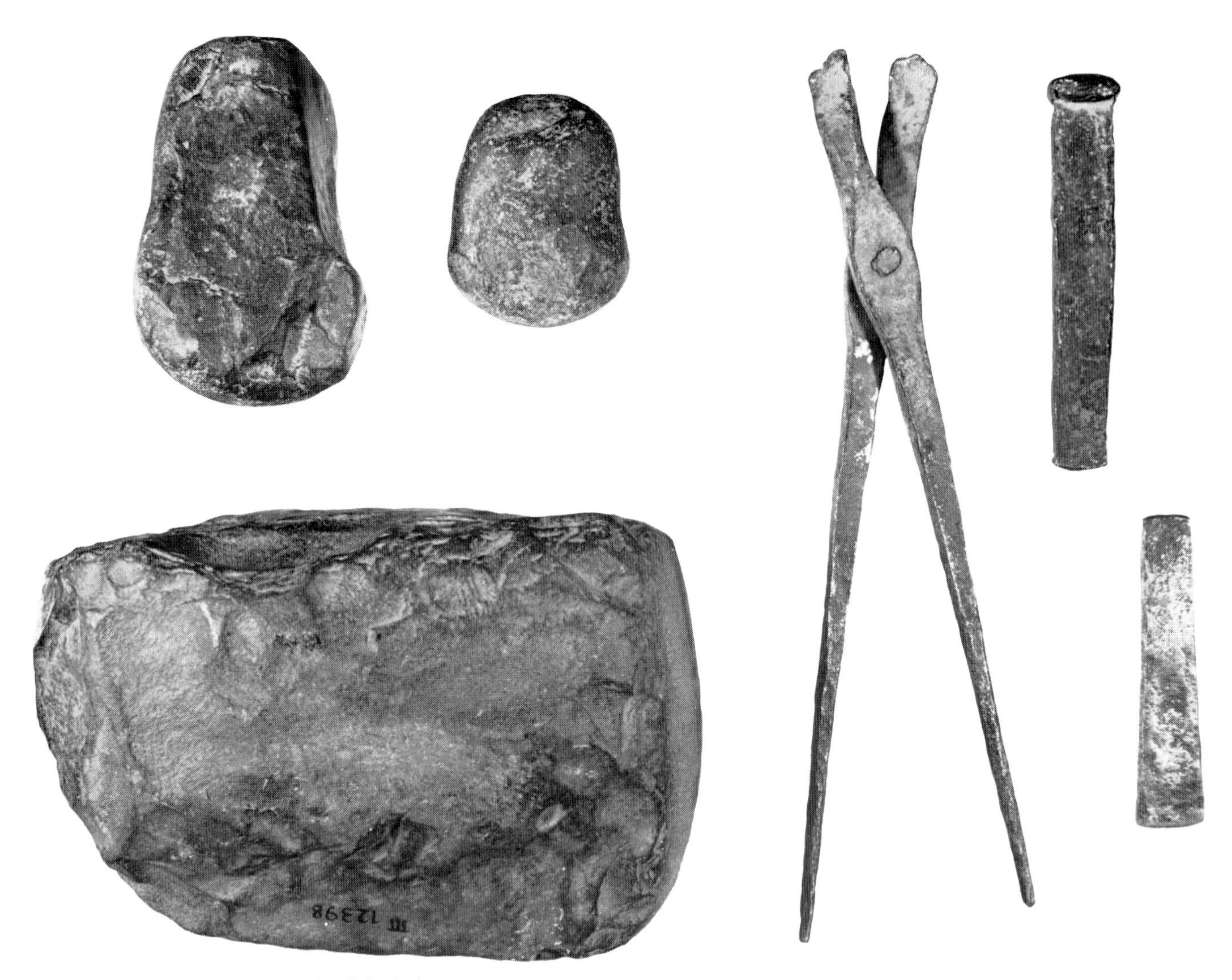

Abb. 119: Kamerun. Werkzeuge der Schmiede

endlich liegt die Luppe geborgen ein paar Meter neben dem ausgeräumten Ofen.

Die Luppe, die vor uns lag, war ein zentnerschwerer Block, einem Brocken Lava nicht unähnlich. Schwarz, grob, kantig. Die Schmiede trugen ihn auf Stangen ins Gehöft Truadas. Erst am nächsten Tag wurde er zertrümmert.

Es war eine Mischung von Schlackenstücken, unverbrannter Holzkohle, zusammengesintertem Quarzsand, offenbar nicht besonders gut gereinigtem Erz und Eisen. Zerschlägt und zertrümmert man die Luppe, so kann man die Eisenbrocken herauslesen, die, in der Hand gewogen, deutlich sehr viel schwerer sind als die Schlacke. Es sind kirschkern- bis nußgroße Stücke, alle mit rauher Oberfläche wie eine Baumnuß,

Abb. 120: Kamerun. Beile und Sicheln der Matakam

mit angeschweißten erkalteten Metalltropfen, Stücke mit einer unregelmäßigen groben Oberfläche (Abb. 117).

Diese Eisenbrocken werden in der Schmiede mit einem zweihändigen Steinhammer auf dem steinernen Amboß kalt gehämmert. Schlacken, Sand und andere grobe Verunreinigungen werden durch dieses kalte Schmieden weggebracht (Abb. 118). Nun füllt man kleine Tontiegel in der Größe einer Teetasse mit den Eisenbrocken, träufelt noch einen dünnflüssigen Lehmbrei darüber und stellt den Tiegel in die mit dem Blasebalg heftig angefachte Holzkohlenglut.

Nach jeweils etwa einer Viertelstunde kleben die weißglühenden Eisenstücklein zusammen, sie wurden „zusammengeschweißt". Der Schmied nimmt den glühenden Klumpen heraus und hämmert ihn kraftvoll mit dem Steinhammer auf dem Steinamboß (Abb. 119). Dabei wird wieder Schlacke aus dem Eisen gequetscht. Aus dem formlosen glühenden Klumpen entsteht bald ein vierkantiger Eisenbarren, etwa von der Länge einer Blockflöte. Bis ein Barren seine endgültige Form erhalten hatte, wurde das Eisen etwa vier- oder fünfmal neu erhitzt und geschmiedet, aber natürlich nie abgeschreckt.

Ein roher Eisenbarren wird aus Teilen der zerschlagenen Luppe zusammengeschmiedet und dient zur Herstellung von Gebrauchsgegenständen (Abb. 120).

Für die metallographische Untersuchung wurden dieser Barren in Längsrichtung durch die Mitte zerschnitten, die Schnittfläche geschliffen, poliert und mit Säure geätzt, um die Struktur des Stahles sichtbar zu machen. Das Eisen erwies sich als sehr heterogen zusammengesetzt. Im Schliffbild sind helle Stellen sichtbar, welche von der Säure wenig angegriffen wurden; sie bestehen aus Stahl mit niedrigem Kohlenstoffgehalt (etwa 0,1 %), während die dunkel erscheinenden Partien etwa 0,4 bis 0,6 % Kohlenstoff aufweisen. Die chemische Analyse ergab einen Mittelwert von 0,38 % C. Andere Begleitelemente, wie Mangan, Silizium, Phosphor und Schwefel, welche in einem Stahl, der über die Schmelze hergestellt wurde, stets vorhanden sind, fehlen naturgemäß in dem vorliegenden Stahl praktisch vollständig.

ANMERKUNG

* Stark gekürzte, im wesentlichen auf Technik und Magie beschränkte Fassung eines Buchauszugs von Gardi, R.: Mandara. Unbekanntes Bergland in Kamerun, Zürich 1953, S. 86—112, 221—225; vgl. auch ders.: Unter afrikanischen Handwerkern, Bern 1969, S. 15—45; sowie ders.: Der schwarze Hephästus, Bern 1954.

Veröffentlichungen aus dem
Deutschen Bergbau-Museum Bochum, Nr. 14

Gedruckt mit Unterstützung durch die
Vereinigung der Freunde von Kunst und
Kultur im Bergbau e. V.

Wissenschaftliche Redaktion:
Dr. phil. Gerd Weisgerber
unter Mitarbeit von
Dipl.-Ing. Leonhard Fober
Dipl.-Ing. Andreas Hauptmann

Redaktion:
Dr. phil. Werner Kroker

Layout:
Artur Cremer

Ausstellungsgestaltung:
Günter Bolesta
Gerd Vogel

Gesamtherstellung:
Laupenmühlen Druck KG, 4630 Bochum 1
ISBN 3-921533-13-9